U0837577

未来商业模式

从类目榜首企业看传统产业互联化的关键

李骞 著

FUTURE BUSINESS MODEL

HOW TRADITIONAL BUSINESS SURVIVES THE INTERNET TREND

人民东方出版传媒
東方出版社

图书在版编目（CIP）数据

未来商业模式 / 李骞 著. —北京：东方出版社，2015. 10
ISBN 978-7-5060-8703-2

Ⅰ. ①未…　Ⅱ. ①李…　Ⅲ. ①商业模式—研究　Ⅳ. ①F71

中国版本图书馆 CIP 数据核字（2015）第 253659 号

未来商业模式
（WEILAI SHANGYE MOSHI）

作　　者： 李　骞
责任编辑： 申　浩
出　　版： 东方出版社
发　　行： 人民东方出版传媒有限公司
地　　址： 北京市东城区东四十条 113 号
邮政编码： 100007
印　　刷： 北京中科印刷有限公司
版　　次： 2015 年 12 月第 1 版
印　　次： 2016 年 4 月第 3 次印刷
印　　数： 9 001—12 000 册
开　　本： 710 毫米×1000 毫米　1/16
印　　张： 15. 25
字　　数： 200 千字
书　　号： ISBN 978-7-5060-8703-2
定　　价： 50. 00 元
发行电话：（010）85924663　85924644　85924641

版权所有，违者必究　本书观点并不代表本社立场
如有印装质量问题，请拨打电话：（010）85924602　85924603

自序　思想是人生的产物

本来计划请一些知名的朋友作序推荐，以增加本书的“含金量”，但后来想想，本书的思想仅是我人生的阶段性产物，那就把影响我撰写本书的几个关键节点展示出来好了，由果溯因，也许能更好理解本书的观点。

初涉

大学时代，1998 年我获得著名文学刊物《长江文艺》理论奖，也是迄今为止唯一学生获得该理论奖，在《当代文学》发表过小说作品，但毕业后放弃专业领域，在湖北卫视财经栏目《财智时代》做了一名记者，并由此广泛涉猎经济学、管理学、传播学知识，采访过当时刚刚起步的光线传媒，华谊兄弟以及清华创业园等创新企业及创新孵化器。世事变幻，潮起潮落，有的采访对象今天已经成为行业领先企业，有的已经淹没于历史的滚滚洪流。于我而言，也许世上少了一个评论家，多了一个创业家。

（2014 年，回母校华中师范大学与室友合影）

实业

因朋友邀请，结束记者生涯，进入广东一家制造型企业，任总经理。这家企业叫“非常小器”，主要生产指甲钳，曾获得朱镕基总理关注。700 人的中小型公司，却是一家全球市场的企业，为迪士尼、露华浓、舒适等跨国公司生产指甲刀及其他小五金工具。在这家企业的工作和历练，让我对制造业的产业链及全球的贸易体系有了比较深入的了解，同时我在做管理的过程中，也系统学习了如何做好一个企业的经营，包括财务管理、供应链管理、材料及工艺等。在我任内，“非常小器”成为行业的龙头企业，其成功也获得了被称为“隐形冠军”概念之父的德国管理学家赫尔曼・西蒙的关注，成为赫尔曼・西蒙笔下中国隐形冠军企业的代表。

（2004 年，与德国《隐形冠军》一书作者赫尔曼·西蒙合影）

（2005 年，在广东五金制品协会年会上发言）

思想

(2011 年，与日本经营之圣稻盛和夫合影)

2008 年，我来到北京，在东方出版社工作，接触稻盛和夫、郎咸平、夏斌、郭生祥以及许许多多的哲学家、经济学家、管理学家、企业家的著作，研究并利用电子商务，新媒体等新渠道、新工具、新方法，在出版业开创了许多营销手法，在与同仁一起创造了稻盛和夫、郎咸平等许多图书畅销奇迹的同时，自身也获得了极大的教益，特别是稻盛和夫的经营哲学和经营方法，彻底打通了我对企业及人生的认识，是我人生一个重要而根本的转折点。

(2011 年，与著名经济学家郎咸平合影)

创业

2011 年创业。稻盛和夫的核心思想可以用他的一句话来概括，就是“做人何谓正确”，这句话是判断做事为人的基准。在残酷的市场竞争中要坚守这句话是很艰难的事情，但这个想法已经深入我的骨髓，所以无论创业多艰难，总有这句话将我拉回正常的轨道。创业历程也证明，这句话越持久，威力越大。正确的企业经营哲学，加上正确的商业模式，加上付出非凡的努力，结果只能是成功。在创业过程中，我不断学习、实践、游学、思考，也不断突破创业瓶颈，向更广阔的天地迈

（2015 年，访硅谷，与《基业长青》作者之一杰里・伯拉斯合影）

进。感谢稻盛，感谢所有帮助过我的人。至于我自己的商业模式，也从我在书中提及的个人平台模式向产品平台模式演进。书中很多观点也是我自己正在实践的，目标是要达到知行合一，有些观点也许与很多人不同，也许不完美，但愿与各位有缘读者共勉、精进。

（2015 年，担当创业大赛评委）

李骞

2015 年 11 月 6 日　北京

目 录
Contents

下　篇

大预测：未来商业模式

如果你看到本篇，首先感谢万能的缘分让我们一起天马行空探讨未来的商业模式。

为了强调对未来战略的重视，特地把文字最少，原计划放在最后面的下篇放到最前面。文字虽少，但我认为它的分量不低于十几万字的上篇。

如果你是传统企业的经营者，今天企业陷入了窘境，我认为，那是数年前你没有理解今天的结果；如果未来你的企业陷入了窘境，我认为，那是你今天没有理解未来的必然结局。

基本上所有的传统企业，不管是传统互联网企业还是传统制造型企业，都无法按照本篇中构想的未来商业模式完全改造你的企业，除非你彻底重构企业与用户的利益关系，但起码你可以利用本篇的理念，无限拉近与用户的距离，未来谁离用户“心”最近，谁将获得企业的生存权和发展权；或者你通过投资创新来延续创新。所以建议你看完本篇，重点看上篇。

如果你是创业者，请与我同行。创业，不是为了满足当下，而是为了踏准未来的节奏。所以建议你看懂本篇，立即行动。为了当下，将会失去未来；为了未来，未来有你。我计划 2016 年组织 10 场全国分享会，愿意同行者请加微信预报名。

作为预测，便不论证和长篇大论，直接结论。但既然是预测，当然得允许不准确，但我将会亲自实践本商业模式，并作公开试验，目前国际化团队已经准备就绪。

社会生态是丰富的，本模式不是唯一，未来数年，会有多种跨越时代的商业模式存在。但作为创新企业，本模式的最大创新点将会是利益格局的重新塑造，彻底打破企业和用户之间的利益关系和界限，具体可以概括为两点：

- 消费即“投资”
- 用户即“股东”

我把这类企业姑且称之为“社会性企业”。

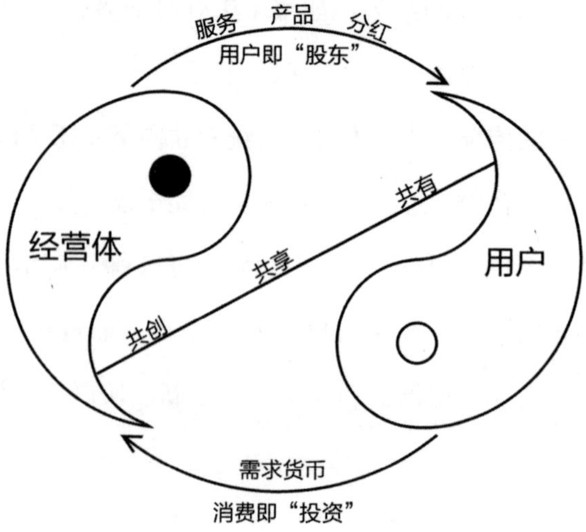

用户与经营体的界限消失，并在互动中变换角色，太极图极好地表现了这一模式的动态感。

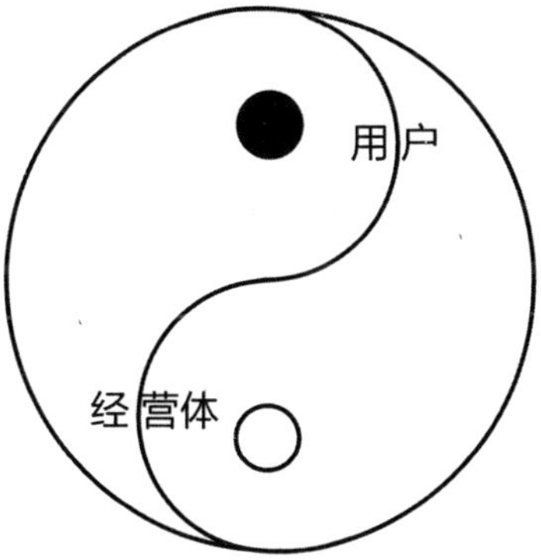

消费即“投资”：在本模式下，消费行为将不再仅是消费行为，而是变成人生的“投资”行为。

用户即“股东”：公司存在的价值将不再仅仅是为用户提供产品或服务，为资本创造利润，更重要的是让用户成为“股东”，共创、共用、共享，彻底透明，彻底分享。

上　篇

大变革：当下商业模式

Future Business Model

第一章

升维思考与降维竞争：认识产业互联网

Future Business Model

今天所做的一切，都是为踏准明天的节奏

我国古代大哲学家庄子是位幽默大师，很会讲故事，他的文章经常采用大量的逸事与寓言作为论证的依据，读起来汪洋恣肆，把抽象的道理描绘得非常形象，即使今天读来也可感可知。在那篇震烁 2000 多年的《逍遥游》里，他说，"朝菌不知晦朔，蟪蛄不知春秋"，翻译成白话文就是，早晨生出的菌类不到夜里就死去，它根本不知道什么是黑夜和黎明；蟪蛄只能活两季，它根本不知道一年的时光会是什么样子。

宋代还有个禅宗大师青原行思说，参禅之初，看山是山，看水是水；禅有悟时，看山不是山，看水不是水；禅中彻悟，看山仍然是山，看水仍然是水。

不管是庄子，还是行思大师，说的是个认识问题，对一件事物的认知，不同的人看到的问题和得出的结论就不同。但问题是，真相只有一个，我们该怎么样看待问题呢?

朝菌与蟪蛄生命短暂，无法跨越各自生命时光短暂的局限，但跨过2000多年的时光隧道，庄子的寓言只不过是为了让我们将这个寓言翻转，看到大师真实的隐喻。

若跨越更远的时光隧道，站在更高的层面，那么低层面的问题似乎便迎刃而解。如果用庄子的意象，很显然，能够活过一整天的朝菌，当然能看清只能活半天的朝菌的局限，能活一年的蟪蛄，当然能看清只能活半年的蟪蛄的局限。但只有人，部分超越了生命的局限，利用人类积累起来的知识体系，能够看到未来，当然，这肯定只是少数。

| 失败，是经营者局限的必然结局

回到现实，基本可以肯定，企业竞争的失败都是企业经营者局限造成的必然结局，这种局限，多是无法对未来做出正确的判断，导致所做一切变革都南辕北辙，失败在所难免。能看清楚未来，成功概率将会大幅提高。马云说，阿里巴巴今天的成功，不过是10年前开始的结果。换句话说，未来企业的成功，将会是今天正确而彻底努力的结果，关键是你能看多远、看多清、看多高。但现实是，在每一波产业革命浪潮后，都有一批企业成为时代的殉葬品。

| 何谓更高维度

怎么看清未来？在现实世界中，经常会有在平面难以理解的问题，提升看问题的维度后便迎刃而解，比如交通层面拥堵的十字路口换以立交桥方式，就是用立体思维解决平面思维难以提高的交通问题。

其实要谈产业互联网或者所谓“互联网+”以及探讨未来商业模式，不妨先抛开这些概念所带来的局限，站在更高的维度上，拉开时间和距离来看这个问题，产业互联网背后的本质是什么呢？什么是本质中变与不变的因素？规律是什么？我想，这应该从不同的层面去解读和理解。为了更好地理解当下产业互联网的创业与变革热潮，或者说，为了站在更高的层面理解当下所发生的种种，我将对事物的认识分成六个维度，这个观点我在一些场合曾讲过，也专门写过文章探讨当时大家热衷的O2O商业模式，但我认为，这种认识事物的思考逻辑应该是种较为普遍的认识模式，能穿透覆盖于事物规律之上的层层障碍，达到对事物最纯粹的认识。包括泡沫、手段、模式、效率、规律、道，姑且称之为“六重境界”。真理，看起来很远，其实很近，因为真理最简单，只不过因为简单容易被忽略。

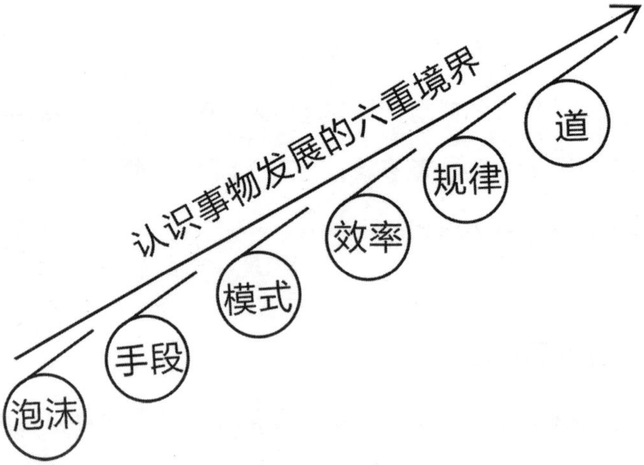

图1-1　认识事物的六重境界，我们所处的境界不同，对事物的认识也不同，所处境界越高，认识事物越纯粹

以下六节，虽分开撰写，但是一个整体。创业或者变革，就是要用未来的立场看今天的问题，就是要提升思考问题的维度，才能在更低层面的现实竞争中获胜。

第一节　泡沫

| 大部分人认识事物从泡沫开始

很多事物都是在泡沫破裂时，人们才得以真正认识到这一事物的本质。因为在现实中，我们接触、认识新事物，绝大多数都是从泡沫形成中或泡沫严重时开始的。对大多数人来说，只有在消息扩散开来后，才会蜂拥聚集。当大多数人都在参与的时候，基本都是泡沫开始膨大之际，认识总是姗姗来迟。就拿金融史上最早也是最出名的泡沫案例——荷兰郁金香泡沫来说，刚开始的时候，郁金香只是作为一种比较稀少的花从土耳其引进到荷兰，但郁金香逐渐脱离了花朵本身的观赏价值，遭到人们的狂热追捧。当人们忽略郁金香的观赏价值，而是期望其价格能无限上涨并因此获利时，就形成了泡沫。一段时间内，这个泡沫只是未破罢了。在某个时刻，当足够的量和价再也支撑不起这一泡沫，也就是说有人开始大量卖空郁金香时，其他人就会盲目跟从。于是，泡沫被挤破了，无数人在这个泡沫的破裂中倾家荡产。

在互联网领域中，最近几年比较出名的泡沫案例是团购网站的兴起和衰落。自网络团购这一模式引入中国之后，仅短短两年时间，便从无到有，诞生了近8000家企业，很多企业还获得了数亿元投资。但短短数年后的今天，还能独立发展的团购网站只有一两家，大部分都灰飞烟灭，极少数被巨头平台企业收编。很难想象，当初有些能融资数亿元的团购网站在一两年时间内就消亡了，这种失败对创业者来说似乎有点不可理解。团购作为非常简单的商业模式，跟风扎堆如此多的创业者和投资者是不可理喻的。没学游泳就下深水区，代价必然是沉重的。

| O2O 泡沫即将累累白骨

而对于这一轮的O2O泡沫，我们也将马上看到累累白骨。

虽不可理喻但又合乎情理，因为我们的商业模式，大多数都建立在泡沫上，泡沫是无法承载企业健康成长的。泡沫，由跟风者造成，同时又是为跟风者准备的葬礼。法国著名心理学家勒庞有一本专门研究社会从众心理的著作，叫《乌合之众》。说的是，个人在群体中往往会丧失理性，变得没有推理能力，思想和情感易受旁人的暗示及传染，变得从众。这个理论也颇能说明商业模式跟风扎堆的现象。

为什么在每轮泡沫中又有少量企业脱颖而出、取得成功呢？这是因为少量的企业通过不断的成本试错后，在未危及企业根基之前探寻到了符合商业本质的商业模式，最后到达了成功的彼岸，而大部分没有认识到本质的创业者和经营者就淹没在了泡沫里。

今天的产业互联网也是一种泡沫。当人人都在谈论产业互联网，各行各业都要做“互联网+”的时候，泡沫就已经诞生了。客观讲，今天我们都在谈论要做产业互联网的时候，先发创新红利便没有了。比如我所熟悉的家居家装产业，如齐家网、土巴兔、美乐乐等平台型企业，已经运用这种互联网模式耕耘多年，成为该领域的平台型巨头，它们的起步，那已经是七八年前的事情了。

泡沫将会是大多数人认识新事物的第一个维度，因为只有泡沫涌起，大多数人才会知道新事物，才会去了解新事物，跟风新事物，最后淹没在新事物的泡沫里。理性的创业者和变革者，就是要认识到泡沫的存在，不盲目跟风。泡沫涌起时，融资不是成功，只是成功的开始，而多数创业者，将融资成功看成自己一个接一个的成功和追求的目标。凡客创始人陈年自己反思，“公司越热闹，烧钱混日子的人越多”，自己最后淹没在巨大的泡沫里，功亏一篑。

第二节　手段

| 如何成功实践商业模式

我们经常会说某个人做事有手段，多是贬义的说法，但若用中立的方式来理解，那只不过是为了达到预定目标的方式方法而已。

手段与商业模式放在一起来讨论，会更好理解。因为手段是基于商业模式的行为，或者说是为了实现商业模式的一条或数条路径。每一个创业或经营企业的人，都要基于商业模式的可行性，找到顺利实现商业模式的途径，所以手段服务于正确的商业模式，而不是颠倒。

比如“免费”在互联网领域就是一个手段，很多人将免费理解为一种商业模式，我不太赞同，我认为免费只是实现商业模式的一个手段。比如奇虎360推出免费杀毒软件，将过去传统杀毒软件瑞星、卡巴斯基打败，成为了我国杀毒领域的老大；反过来，360再用由杀毒软件聚集来的用户流量延伸其商业模式。再比如，滴滴打车和快的打车之间的竞争，是采取烧钱的手段，用给打车者和出租车司机发红包的方式来争取用户，逐渐获取了用户黏性。获取用户是这些商业模式的核心，手段便是尽一切可能获取用户，比对手更快更多地获取用户。

任何手段都不能脱离商业竞争的底线。比如前不久神州专车就采用了“打擦边球”的方式攻击竞争对手，结果反而将自己置于不利境地，助推了Uber的粉丝量猛增。虽然神州专车的一系列广告图片中，并未明确指明Uber的名称，但从标志性的“U”形标和广告语中提及的“专车”等字眼，让用户很容易联想到Uber。这一手段虽然并未触犯严格意义上的广告法，但从商业伦理上却说不通、不光彩，所以引起了用户的吐槽和反感。还有一个显著的案例，是餐饮业的饿了么和美团，前几年为了抢夺高校附近的外卖市场而引发打架事件。这些都属于不良竞争手段，只会给企业自身抹黑，让用户从心理上产生一种抵触情绪。

企业竞争虽然残酷，但我们的内心需要底线，起码要控制在法律的框架之内。在今天这个人人都被互联网裹挟的时代，某些引起争议或关注的事件可能会为企业带来关注度、知名度，甚至直接提升用户数量，但如果引发消费者的不满或业内公愤的话，撕下的可不是竞争对手的名牌，而是自己的脸面。

第三节　模式

| 企业与用户间的那点事

商业模式是最常挂在创业者和风投机构嘴边的一个词，尤其是对于一个新项目，无论是朋友交流还是投资人问询，基本都是“你的商业模式是什么?”

对商业模式的解读有很多种说法，最通俗的说法就是通过什么样的途径或方式赚钱。由哈佛大学教授约翰逊（Mark Johnson）、克里斯坦森（Clayton Christensen）和SAP公司的CEO孔翰宁（Henning Kagermann）共同撰写的《商业模式创新白皮书》将其概括为三个核心要素：

“客户价值主张”，指在一个既定价格上企业向其客户或消费者提供服务或产品时所需要完成的任务，就是满足用户的需求，企业需要干什么事，满足这一需求需要花多少成本。

“资源和生产过程”，即支持客户价值主张和盈利模式的具体经营模式，是为了实现客户价值对各种资源运用的过程。

“盈利公式”，即企业用以为股东实现经济价值的过程，体现为模式与方法造就的持续盈利过程，企业因此得以持续经营，商业模式体现为持续性价值。

说到底，商业模式就是企业与用户间的那点事。

在构成商业模式的诸多要素中，价值链是我们最关注的，从采购、生产到流通、终端、消费者、售后服务，当我们通盘考虑构成商业模式的所有要素后，信息技术和互联网所带来的对传统产业改造的商业机会就会出现，传统产业价值链将会被重新梳理、重新集合和重新布局。过去企业价值链中很多原有要素，在产业互联网化的浪潮中，将会被替代，或者直接被淘汰或者被改造，新的商业机会出现了，这就是这一波被称之为“互联网+”的黄金创业商机中的一部分。

对商业模式的理解，结合更高层面的效率维度，便更容易剖析。

第四节　效率

| 相对效率

虽然本书谈的是产业互联网、“互联网+”以及未来的商业模式，但我的意图是提醒大家不要被时代的这些热词所迷惑，不要做被迷惑的大多数人，而是要做那些能够穿透泡沫、寻找本质的少数人。因为无论处于任何时代的任何商业模式和科技变革，仍然需要符合事物发展的基本规律。

用户的需求，通常是需要更快、更好、更便宜的产品或者服务，这是一个平衡点，是一个相对概念，是针对对手而言。最核心的部分，就是经营主体商业模式的背后，能够比对手更快地满足用户的相应需求，而性价比又是相对最优的。

从古至今，商业竞争的这些基本规律都没有变过。我们在分析任何新事物的时候，就是要分析出从古至今，该事物哪些要素是变化的，哪些要素是不变的。我们可以看到，整个商业模式的变革，相对效率的提升才是获得成功的不二法门。

比如家居电商企业美乐乐，在平台化之前的O2O模式为什么取得了成功（因为平台化的美乐乐才刚刚开始，还不宜作为观察的对象）？表面上看是O2O模式的成功，但往深处分析可以发现，美乐乐的成功是效率提升的成功，这种提升是相对于传统品牌而言的效率提升。

作为淘品牌出身的美乐乐，采用O2O模式后，它只要对两类对手的相对效率实现大幅提升，就能获得成功。

一类对手是传统品牌。美乐乐线下拥有300家体验店，算是中等规模的线下渠道，它只要在线上占据极大优势，就能在相同品类的品牌中脱颖而出。很显然，相对于传统品牌而言，美乐乐的线上优势强得不是一点点，是不同时代的差距。所以美乐乐用了6年时间获得了20亿元的销量，这个销量在传统家具品牌中，可以排名前十还靠前，而成功的传统品牌家居企业，做到20亿元都是花了10年以上时间，并且数量还极少。

另一类对手是纯线上品牌，或者叫淘品牌，成功者如林氏木业。在淘品牌阶段，林氏木业大多数时间是领先于美乐乐的，而后期，采用O2O模式的美乐乐远远领先于林氏木业。很显然，这种领先是采用O2O模式的美乐乐的效率领先于林氏木业的结果。两个公司的创始团队背景类似，线上能力有差距，但也不会那么大。拉开差距的是线下，作为家居大件产品，消费者看一看，闻一闻，摸一摸，将会大幅提升成交率，提高成交单值。可能同样消费能力的两个用户，线上的成交单值通常只有线下成交单值的一半，还不算成交率的提升。但以单值而论，两种模式背后，美乐乐的销量是林氏木业的一倍以上再正常不过，加上成交率的提升，更会拉大差距。

在物流这样一个环节，美乐乐 CEO 高扬曾告诉过我，国内多数家居厂商在运输产品的时候是走陆路，其成本高昂。但美乐乐将其部分集散中心建设在沿海的一些仓库里面。这样做有什么好处呢？对美乐乐而言，其每一款产品的生产量都比较大，所以就将这些产品集中到一个集装箱里面采取海运的方式。海运的优势很明显，因为从南方到北方的船只装载量往往不会达到满负荷，大多数船只都是从北方装煤到南方，所以在返回的时候为了达到一定的装载量，海运公司愿意降低运输价格。这就为美乐乐节省了大量的运输成本。这种运输方式的改进，显然提高了美乐乐的整体运输效率，节省了大量成本。

还有其他很多效率提升的细节，比如体验店的开设是如何提升综合效率的。美乐乐在北京开的第二家店，开始设在立水桥，地理位置不错，是在地铁站旁边，并且附近有大中电器、苏宁电器，所以人流不错，但一个月租金要 25 万元，价格不菲。美乐乐测试了 6 个月，通过分析这 6 个月的数据发现，线上过来的客户占一半，从路口经过的客户占了一半（纯线下）。虽然线上、线下人流各占一半，可就成交的销售额而言，线上过来的占到 85%，线下走进店面的转化率只有百分之十几。

后来根据数据推演，美乐乐决定立即将这家店关掉，因为这样做只损失百分之十几的线下，但是在附近换一个位置，面积差不多的，租金只要七八万块钱，还能保持之前百分之八十几的销售额。

这么看来，品牌电商美乐乐的成功不仅仅是采用 O2O 模式的原因，更多的是因为线上线下所有细节效率的提升而带来的相对竞争优势。对于消费者而言，不存在 O2O 不 O2O 的问题，他们要的是方便、高性价比和品位。

由美乐乐的案例我们可以看到，无论什么类型的企业，不管是互联网企业还是传统企业，不管是互联网方式还是传统的“土办法”，只要能够提高效率，就会获得比对手强的竞争优势。而互联网与大数据运用，则极大地加速了信息集中，加速了资源整合，也大幅提升了相对于传统的竞争效率，加速了线上线下融合。作为创新企业和希望变革的传统企业，今天效率的竞争起点已经发生了变化，门槛在提高。

丨 互联网化不等同高效率

最后我想强调的是，任何类型的企业包括创新企业，不要为了互联网而互联网，而要看哪些方面哪些环节采用互联网方式可以提高效率，哪些方面哪些环节需要我们采取其他办法去提高效率，而不是单纯地以为互联网化就等于效率提高。

第五节　规律

丨 集中与分散律

单说效率是很容易理解的，但能不能从更高的层面来理解效率？或者说，推动效率提升的背后因素是什么？我认为比效率更高一层的是规律。一个企业、一个国家，或者再上升到整个人类社会、整个宇宙，一定有某种基本规律在指引其运转，如果能够理解基本规律，把基本规律都搞清楚了，再理解效率就比较容易一些。

∞集中——分散∞

图 1-2 符号∞，无限符号，无穷或无限，即“没有边界”的意思。它在神学、哲学、数学和日常生活中有着不同的意义

∞这个符号大家应该都知道，是无穷。我想用这个符号说明一个规律，任何事物的发展，包括社会和商业模式的产生和发展，总体呈现两种截然相反的力量。在生产要素聚合上，就呈现出这两种力量，一方面是无限的集中，大集中产生了大效率。例如淘宝模式，这是很多人都想干的活儿，也就是整合的平台模式。另一方面是无限的分散，大分散产生了高效率。例如改革开放初期的承包到户，极大调动了农民的热情。但现实中，无限的集中和无限的分散都不可能完全实现。我们会发现，集中到一定程度，效率会下降，分散的趋势开始出现；分散到一定程度，效率开始下降，集中的趋势又开始出现。总之，事物总是在集中与分散之间寻找一个黄金分割点，追求效率处于最合理状态。

我们再来看人类发展的历史。人类早期住的是山洞，少量的人聚在一起，来抵抗自然灾害和猛兽的侵袭。再往后，村庄出现了，村庄出现之后又有小城镇，到今天又形成可以容纳数百万人、上千万人的城市。我们可以看到人群是在不断地集中的，像北京这种超大城市，汇集了全

国最多的人才和最好的资源，这种集中确实产生了聚集效应，人们的生产力提高了。但问题也随之而来，就是我们每天都有很高的交通成本，资源不够用，环境污染，以至于花费巨资搞南水北调，采用机动车限行和关闭污染工厂的办法来缓解空气污染。所以，为了解决这个问题，北京也开始将部分功能向周边地区转移，提出了京津冀协同发展的规划，促使北京优质的公共服务资源向河北等地布局，这些都是因为过分集中后导致运营效率降低，必须采取分散的方式才能提高运营效率和保证资源的承载力。

丨平台何时衰落

大家熟知的淘宝平台模式，就很典型地代表了两种对立的力量不断起作用的过程。在 2009 年的时候，我分析淘宝，当时写了半本书，但是没有去完善，这个书名本来都起好了，叫作《平台何时衰落》(由于各种原因，一直未出版)。当时淘宝虽然体量没有今天这么巨大，但可谓如日中天，我怎么敢判断淘宝这种巨无霸平台的衰落呢?

我们可以看到，淘宝的模式是信息集中模式，很多个体户和商家全部在淘宝平台上或者天猫平台上来集中，因为集中之后产生了更高的效率，对淘宝而言，更是如此。很显然，淘宝用集中方式产生了很高的整体效率，但随后商家越来越多，同一品类出现很多竞争者，一方面竞争变得超乎寻常的激烈，没有最低价，只有更低价；另一方面，消费者选择开始变得困难，增加了消费的时间成本，很多商家因此赚不到钱，另外一个分散趋势起作用了。现在淘宝上能赚钱的商家属于少数，大企业在天猫平台开店之后也开始重新审视天猫平台的价值。很多企业的实践证明，在天猫上更多是赚了吆喝没赚钱。于是我们发现，很多品牌企业开始离开天猫自建平台，或者增加渠道，很多垂直电商开始出现并取得不错业绩，这种现象的出现，就是分散开始呈现它的高效率。

虽然今天的淘宝和天猫，其销售额还在增长，但是整体运行的效率却开始下滑。下滑到一定程度后，我们就会看到其整个经营业绩的停滞。类似这样的平台都会经历这种情况，这是任何平台型企业都难以避免的。

这就是大集中背后蕴藏着的分散规律在起作用，包括腾讯、百度和京东等，如果有一天它们走向衰落，除了人为原因外，其根本原因肯定缘于这个规律在起作用。因为大集中背后分散的规律，一定会让它们在某个阶段走向衰落。除非它们能够不断变化以适应这一规律，在集中和分散中找到更好的平衡点。比如对于整个阿里巴巴集团而言，马云通过五大布局实现了另一个层面的集中，此处不加详述。关于这一点，我会在本书后面的平台竞争中详细解读。

第六节　道

| 当一回庖丁如何

说这个，更抽象了，很多人都会说，看到这里，还谈这个干什么，告诉我怎么办不就得了。

在此，我还是引用庄子的一个寓言故事来背书说明此理。此故事大家知道，但未必知理，因为大道至简，所以很容易被人忽略。故事叫“庖丁解牛”，说的是古代一个屠牛师傅，屠牛技艺高超，姿势还很优美。梁惠王看得实在过瘾，便请教他。屠牛师傅讲：

“臣下刚开始宰牛的时候，对于牛体的结构还不了解，看见的只是整头的牛；三年之后，见到的是牛的内部肌理筋骨，再也看不见整头的牛了；现在宰牛的时候，臣下只是用精神去接触牛的身体就可以了，而不必用眼睛去看，就像感觉器官停止活动了而全凭精神意愿在活动。

图 1-3　庖丁解牛，出自《庄子·养生主》，一般用来比喻经过反复实践，掌握了事物的客观规律，做事得心应手，运用自如

“技术高明的厨工每年换一把刀，是因为他们用刀子去割肉。技术一般的厨工每月换一把刀，是因为他们用刀子去砍骨头。现在臣下的这把刀已用了十九年了，宰牛数千头，而刀口却像刚从磨刀石上磨出来的一样。牛身上的骨节是有空隙的，可是刀刃却并不厚，用这样薄的刀刃刺入有空隙的骨节，那么在运转刀刃时一定宽绰而有余地了，因此用了十九年而刀刃仍像刚从磨刀石上磨出来一样。

“虽然如此，可是每当碰上筋骨交错的地方，我一见那里难以下刀，就十分警惧而小心翼翼，目光集中，动作放慢。刀子轻轻地动一下，‘哗啦’一声骨肉就已经分离，像一堆泥土散落在地上了。”

回到本书要探讨的产业互联网。其实我们对互联网的探讨和实践已经多年，尤其是前几年对电商和O2O的探讨，可谓热火朝天。只不过今天产业互联网的概念涉及的领域更加宽泛，不仅仅局限在单纯的商业环节，而且向上延伸到生产制造领域。今天讨论产业互联网，就像过去讨论电商、O2O一样，如果单纯执著于现象而偏离了背后的本质，必然导致失败。

说到这儿，我觉得本章也该结束了。因技近乎道，庖丁才能当好一个屠牛大师，要在互联网时代生存、发展，我们就需洞悉商业之道，那些站在时代巅峰的企业家，他们不仅是企业家，他们都是得道之人！

第二章

传统产业互联网化变革的八大关键

Future Business Model

产业互联网变革的旋涡效应

新事物的产生、发展和普适需要一个过程，产业互联网化的发展也是如此，量变才会带来质变发生。

凯文·凯利在他的经典著作《失控》中，用生活常识解释了这一问题。他说，满满一槽水，当我们拔去水槽下面的塞子时，水就开始搅动，直到形成涡流。不一会儿，旋涡从水面扩展到槽底，带动了整个水槽里面的水。同理，一粒沙子没有沙崩一说，但是数量足够的沙子积累到足够大的沙丘时，就会引发一场沙崩。物理界的一些现象也颇能说明这个问题，单个的分子没有确切的温度，但由分子组成的物质则可测量其温度。

凯文·凯利借助现实生活中的几个常识告诉我们，数量能带来本质性的差异，任何事物涌现出旋涡效应，都依赖于一定数量的个体，数量越多越能够带来本质性的变化。我们经常看到的新事物，刚开始并不为人关注，但经过时间的发酵，最终会占据主流——量变引起质变。

量变到质变的过程也适用于今天的产业互联网，从互联网打开变革传统产业的塞子后，从最先影响少数行业中的少数价值链，继而影响多数行业中的多数价值链，直到今天影响我们整个产业中几乎方方面面，这就形成了一种巨大的旋涡效应。置身于这个巨大的变革中，我们每一个个体、每一个企业都无法逃避，更不要说逆潮流而动。

第一节　人的全面互联网化

| 沉舟侧畔千帆过

“沉舟侧畔千帆过，病树前头万木春。”唐代诗人刘禹锡的这句诗很有历史沧桑感，借助生活中、自然界的变化暗示社会的发展必然，新生事物代替旧事物。道理简单明了，但选择与顺应却不是那么容易，尤其是在大变局中，上至国家，中到企业，下至个人并非都能适应变革。著名哲学家黑格尔曾经对这个问题一语道破，在《历史哲学》中，他说，每个时代都具有如此特殊的环境，每个时代都面临如此之独特的状况——当重大变化纷呈交错之际，一般的、笼统的法则，毫无裨益。回忆过去的同样情形，也是徒劳无功。灰色的回忆不能抗衡“现实的生动和自由”。

在产业互联网化如火如荼的今日，我们是要做沉舟、病树，还是要做千帆、万木？我们又该如何转变自身，才能抗衡黑格尔所说的“现实的生动和自由”？

面对自我的革新，我们所能看到的、所能想到的是什么？可能是千篇一律的互联网思维。到现在为止，互联网思维成了一个陈词滥调，大家都在讲、都在说，仿佛利用了一些互联网工具，与互联网产生一些“瓜葛”就具备了互联网思维。这非但不利于我们抓住本质，而且有碍于我们进一步创新。

丨人—技术—产业

我们可以回顾一下以蒸汽机出现为代表的第一次工业革命。假如当时我们有一家海运公司，我们是选择规模大、稳定性好、航程长的帆船，还是选择规模小、稳定性差、航程短的蒸汽船？今天看来，答案无疑是后者，但将我们放在过去，选择蒸汽船的难度并不比今天选择互联网化的难度小。原因何在？缺乏资金、技术、人才，还是担心现有规模和市场的缩减？这些问题都不是核心，核心是人，在蒸汽机面前，因为担心失去现在，所以才会失去未来。

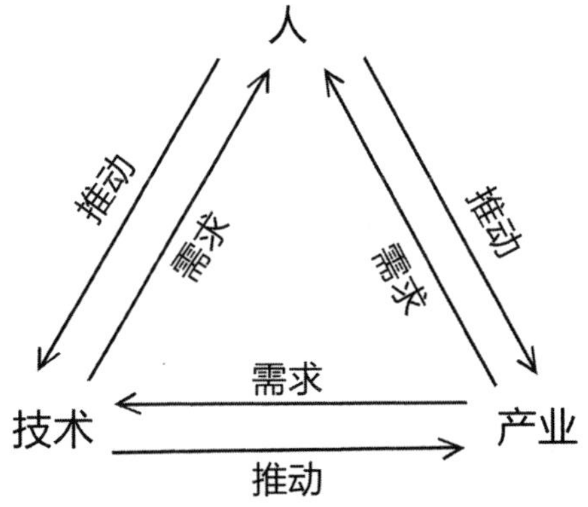

图 2-1　人、技术、产业三者的关系图。可见，人是核心。可以说，迄今为止，人类每一次产业大进步都是人发明技术，技术再推动产业大变革

同理，在产业互联网时代，如果人的互联网化没有实现，那么产业互联网化也是一句空话。因为产业互联网化都是人去推动的，人推动了技术的变革，技术的变革又推动产业的变革，产业的大规模变革又要求更多具备互联网思维和知识的人才。这样说虽然有点绕，但“人—技术—产业”这三者的关系是相辅相成的，是以人为核心的。

丨 企业互联网化的三大基本前提

那么人的全面互联网化应从哪些方面入手呢？我认为应该体现在以下三个方面。

首先是观念的互联网化。

本轮产业互联网化并非像过去互联网化颠覆某些行业，或者颠覆某些行业中的某条价值链那么简单，而是多数行业多数企业整个产业链的互联网化。面对如此情势，上至企业领导者、各个层面的执行者，下到企业的每个员工都需要具备互联网的观念。如果没有这种观念，企业就不可能主动地去了解互联网、学习互联网、使用互联网。很多传统企业之所以实现不了互联网化，大部分是因为企业里面的人员没有实现互联网化，而人员没有实现互联网化，首先是因为企业的最高决策者没有互联网化。

为什么会这样？“现代管理之父”德鲁克曾说，一个企业只能在企业家的四维空间内成长，一个企业的成长被其经营者所能达到的思维空间所限制。所以企业的互联网化，第一步就是企业的最高决策者需要更换思维。我们都知道，大部分传统企业的创业者，其创业年代多数在

20 世纪 90 年代，他们年龄比较大，文化上也与互联网思维脱节，这导致他们理解互联网有巨大的代沟效应，难以一下子接受互联网相关理念。对这种企业而言，如果要快速实现互联网化通常有两种方式。一种是放权。对自己而言，想要真正成为一个像 70 后、80 后、90 后这样的互联网人才不太现实，但是如果有足够的权利下放，并且愿意拥抱这种变化，放权让更多年轻人走到台前也可以间接实现互联网化。另一种是学习，也就是与时俱进。过去我们说到学习经常是向长辈、前辈学习。但在互联网时代，我们不仅要向前辈学习，更多要向后辈的年轻人学习。就像毛泽东曾经对青年人的寄语，“世界是我们的，也是你们的，但归根结底是你们的”。对于围绕互联网而产生的新技术而言，如果我们不向青年人学习，不跟他们“打成一片”，就无法融入未来的世界，更不要说在未来世界创新。

就当下而言，对产业互联网这个未来趋势，无论是互联网公司，还是传统行业，几乎所有企业家都能达成变革的共识，只是说这个共识的强度不一。有些企业领导者认识比较深，而有些企业领导者认识较浅。大多数传统企业都有互联网观念和互联网变革的想法，但却没有实质性的行动，对于产业互联网还只是停留在口头上，并没有下定决心。一旦没有下定决心，他的这种观念就很难影响下属，企业也就难以建立起新型的互联网文化。身处互联网浪潮的剧变中，如果企业领导者不下定决心求变，那么整个企业的转型是非常困难的。

所以，传统企业首先要开放心态，大胆启用互联网人才，让他们在决策和股权上成为企业转型的主导力量，让自己的传统业务被这些人

"加"进来，就能大大增加转型的成功率。

其次是终端互联网化。

除了观念外，企业也要重视终端的智能化。笔者认为，互联网化是从里到外、方方面面的变革。很难想象一个不会发微信，对智能终端一点都不了解的人能够快速赶上时代的列车。只有我们的工作和生活都在跟随时代，才不至于与时代脱节。互联网是一个信息技术的连接，这个连接必须与终端配合，人与智能设备是处于连接状态的。当然，互联网终端的普及，也随着技术的进步、生产成本的下降、售价的降低，而越来越普及。30 年前，全球互联网只有 1000 台接入设备，到今天已经有 30 亿人和 68 亿台设备接入，而这些智能终端的数量还在快速增长。在中国个人电脑有几亿台，而移动互联网和智能终端基本上成人人手一台，数量非常庞大。而且今天的智能终端的外延更加扩大了，形成物联网的概念。未来，与我们生活相关的物品都需要智能化地连接在一起，我们可以想象一下那种万物互联的感觉，所以在今天，人的互联网化就是指我们在使用的终端上要实现互联网化。

第三是行为互联网化。

在未来，能不能赶上互联网产业这波潮流，无非就两个元素，一个是人（包括企业领导和全体员工），一个是事（企业的所有内外业务）。由此可见，"互联网+"就是人的互联网化和事的互联网化。但人的互联网化是主因，没有人的互联网化，就没有事的互联网化。所以，我在这里提到人的全面互联网化，只有企业上下所有人在观念、终端、生活和工作等方方面面都达成协同效应，才有可能在企业互联网化上走得彻底，同时又能走出新路来。

第二节 去中间化与再中间化

| 传统信息不对称模式的终结

互联网的去中间化是大家经常谈论的话题，相比传统业态，互联网最明显的特点或优势就是打破了信息的不对称，取消了中间的层层渠道，实现了企业与消费者的零距离接触。

在互联网没有对传统产业产生深刻影响之前，很多生意或服务都是因为信息不对称而产生的。比如传统的经销商（代理商）体系，一般都是总代理从厂家拿产品，进行加价后发到经销商那里，经销商再加价后发到门店。经过层层加价，原本价格还算合理的产品，待到消费者手中时往往是出厂价的数倍甚至几十倍。但是在互联网时代，这一切都变得透明，互联网不仅将信息传递的阻碍打破，还可以让消费者了解产品整个供应链的价值，对产品的价格构成有一个可比较、可搜索、可参考的数据。

虽然目前很多传统产业的互联网化还不彻底、不够成功，比如在家居建材行业，对这种大件、重服务、金额大又缺乏标准化的产品而言，互联网化正处于缓慢进步中。随着产业互联网化的推进程度越来越深，家居建材行业的透明程度也将像其他行业一样变得越来越透明，一切基于信息不对称而产生的产品价差将会消失，产品会获得比较准确的定价，消费者拿到手中的产品将逐渐回归产品的价值属性。这就使得传统价值链中的很多环节因为信息的透明而失去存在的意义。

丨再中间化的新商业变革

任何事物的发展都有两面性，是辩证统一的，互联网对传统价值链的重塑也是如此。一方面，去中间化愈演愈烈，另一方面互联网也加速了再中间化。比如说现在的电商平台，一个电商平台就取代了过去价值链里面的很多环节，如总代理、分销商、零售实体店。很多产品从厂家到电商平台再到消费者，中间通过快递、服务等第三方实现了从厂家到消费者之间的连接。虽然厂家与消费者之间的连接层次大幅缩短，但并不是没了中间环节，只是由过去的传统经销商（代理商）体系转变到了现在的平台体系，从而实现了再中间化。

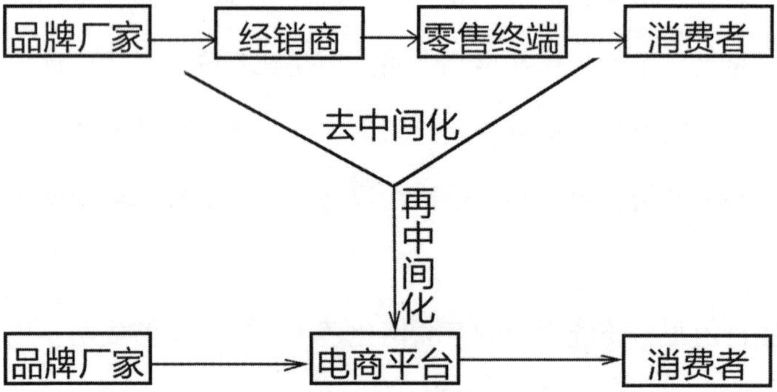

图 2-2　渠道变革的去中间化和再中间化，以传统渠道向电商平台过渡为例

无疑，去中间化和再中间化的结果导致了效率的提升。互联网化之所以能做到这一点，是由于互联网带来前所未有的信息化。我们过去选择商品，在A市和B市，或者A商场和B商场，除非来回跑，否则很难比较两地的产品差价，而这个“来回跑”的成本是极大的，这也是传统商业形态过去存在的合理性。但现在因为信息的透明，我们只要下载一个二维码扫描工具，将商品条码扫进去，几个地区和线下商场的价格便可以同时看到。利用互联网带来的信息便利，我们轻而易举地选择了价格更低的产品。

网络平台带来的巨量信息，使过去传统中间商面临的生存压力越来越大，这就是各行各业中间渠道和线下实体店面不断削弱乃至消失的真正原因所在。随着互联网对传统行业影响的深入，随着这些传统行业越来越接近互联网化，这种变化将不断地从标准品延伸到非标准品，从小件产品延伸到大件产品，从小金额的产品延伸到贵重的产品，从不需要线下服务的产品延伸到需要线下服务的产品。互联网给传统商业形态带来的效率全面提升，最终从局部的变化引起了整个产业所有行业的变化，就像凯文·凯利谈到的旋涡效应一样。

| 局部信息化与产业链信息化

所以，产业互联网化很重要的一点是整个产业的信息化，过去我们谈到的信息化，虽然也有在不同环节，实现不同程度的信息化，但这种信息化都是某些封闭环节的信息化，比如说过去企业使用的办公软件，只是在内部系统使用；过去企业使用的仓储信息软件也只是局限在公司库存管理上使用。在未来，当每一个企业形成一种数据平台的时候，这种信息化就不单单是针对某些行业的小件产品、标准产品的信息化，也不单单是这些商品到电子商务平台之后的信息化，而是从原材料采购、生产环节到最后产品到达消费者手中所有的供应链都进行了信息化升级。

借助互联网信息化后，供应链效率为何会大幅提升呢？在此以电商平台京东为例。和传统卖场一样，京东在选择产品的时候通常会考虑几个标准，比如说同样的产品，会考虑哪些品牌的产品质量更好，消费者更喜欢，订购多少数量能够达到最大的库存周转率。对京东这样的电子商务平台而言，因为有庞大的消费者数据，所以比传统的线下卖场更清楚什么样的产品会畅销，什么样的订购产品数量比较合适。另外，同样的产品在哪些区域销售量比较大，在哪些区域销售量比较小，京东对此都一目了然，所以京东在仓库选择上也可以尽量缩短送货周期。

在传统业态的进销存管理上，通常是根据感觉来订购产品，然后把这些产品分发到各个仓库，接到消费者订单后再由仓库运送货品。当我们可以用数据来决定采购多少产品比较合适的时候，就比过去提高了进销存的效率。因为网络平台是针对全国市场的，所以对于某一单款产品可以放大到一个比较可观的量，量越大生产成本自然越低，生产成本降低，采购货品的价格就会降低。电商平台能够用拼量的方式获得更低成本的采购，这是一般卖场或者说一般采购商做不到的，所以通过信息优化供应链的方式，就能大幅降低采购成本，用拼量、用交通工具的调整，缩短供货时间，加速资金的周转，获得更高的效率，这都是供应链优化所能产生的价值。

同理，对于生产厂家而言，也可以采取类似的方式，在保证品质的同时降低成本，从而获得产品的价格优势。如何利用互联网、信息技术将生产环节优化，获得更大的生产效率呢？在过去传统企业的生产流程中，都是根据市场预测向生产环节发出指令，然后生产大批量的产品批发到各个地方去，再进行终端零售。这导致过去的生产方式都是基于假设的批量生产，很容易造成库存过多，前几年服装行业的库存积压问题就是这么造成的。但在互联网时代，个性化的需求开始慢慢成为主流，从而开始对很多产品的非标准化提出要求，那么在非标准化下如何提高生产环节的效率呢？

在此以订制衣柜的上市公司索菲亚为例，来看看其生产环节是如何借助信息化来提高生产效率的。熟悉家居行业的都知道，订制衣柜属于非标产品，而非标产品的最大优势就是针对消费者的个性化。但是在产品个性化与大规模生产之间有一个悖论，即想要大规模生产就无法个性化，而想要个性化就无法大规模生产，因为个性化无法降低生产成本。

我曾经有幸到索菲亚的衣柜生产工厂考察，发现索菲亚用一套信息系统将用户的订单数据输入到生产设备的软件控制系统里面，在开料的时候可以根据订单来进行；开完料后再将每一个环节进行二维码编码，因为索菲亚的生产软件可以按用户的订单要求进行调整，所以根据这个扫码指令生产出来的产品完全符合消费者的预期；成品的时候也一样，因为每一个二维码代表了不同订单的产品，最后包装的时候就会将同一类型的产品汇集到一个工作平台上；在产品包装过程中也是如此，索菲亚的包装箱也是根据客户订单产生的，由于切割包装材料的设备获取了订单的编码，所以每个包装箱都可以按照产品要求自动裁剪。一头是开料、生产，一头是包装，当包装完成后，再经过扫码就可以分配到各地仓库，仓库再分配到各个渠道市场。可以看到，索菲亚在生产的每一个环节都达到了信息化，而这些环节又通过信息化连接为一个整体。

虽然索菲亚是个性化生产，但是整个生产供应链都是连贯的，借助信息化优势，索菲亚不仅使得个性化可以大规模生产，而且还缩短了生产流程，降低了采购成本，大幅提高了生产效率。

丨营销环节信息化

除了流通环节和生产环节的信息化外，企业在营销这一环节也可以借助信息化提高效率。在传统企业的营销体系中，营销部门通常都是在产品开发的时候，与研发部门一起来探讨产品的卖点；在产品生产的过程中，营销部门会形成产品的营销文案，寻找适合传播的卖点；当这一传播策略所需要的物料都准备好之后再分发到各个经销商手里，最后到卖场之后才开始大规模传播。

我们可以看到，在没有实现信息化之前，企业的营销空档期是很长的，那么借助互联网信息化带来的便利，我们在产品做好营销的准备之后，就可以借助各种资源进行传播，比如企业产品只要能够上到电商平台上，就可以提前一个月甚至一个季度把产品的样式发到电商平台上进行预订、预购及传播；其次，借助各种电商平台，企业在得知哪部分消费者才是真实的目标客户后，针对这部分目标客户的兴趣，可以有针对性地进行强化营销，加速他们最后形成购买决策。所以，今天的企业传播针对性更强，目标更准，这都是因为信息化大幅提高了传播的效率，这在过去是不可想象的。

以上从三方面解释了信息化是如何提高企业效率的。从中可以看到，在产业互联网时代，信息、连接与大数据，在内涵上根本区别于传统意义上的信息化，几乎相当于重新定义了信息化。互联网以及如火如荼的移动互联网，可以作为信息处理成本最低的基础设施，其开放、平等、透明、随时随地使用等特性将使信息和数据转动起来转化成巨大的生产力，极大地推动企业供应链效率。

[对话]　与尚品宅配总经理李嘉聪谈产业互联网

李骞：尚品宅配是如何进行互联网布局的？自有电商和第三方平台是如何同时进行的？

李嘉聪：尚品宅配跟其他企业不一样的地方是，我们不会只依赖天猫、淘宝、京东等这种平台，我们是花大力气推我们自己的网上商城——新居网。当然也不是说尚品宅配只做自己的销售平台、服务平台，我们也同步天猫、淘宝、京东，几乎国内所有的第三方大平台都用。但是我们有自己的核心优势，虽然同时跟各个第三方平台合作，但主推的还是我们自己的商城新居网。这跟我们的产品类型有关，因为我们是订制家具，不可能在网站上去卖很多产品，我们更多是把销售产品放在做好服务之后，我们的服务就是设计服务。客户到网络平台也好，去微信公众号也好，主要是享受我们的服务。去年是我们最成功的一年，不到一年的时间，把尚品宅配的微信公众号，从0做到380多万粉丝。据说，在整个微信服务平台的公众号中，我们是排第一的。

李骞：尚品宅配在互联网家居领域能取得如此不俗的成绩，一定对互联网有更深刻的看法，分享下你对互联网的看法。

李嘉聪：我们之所以提互联网，是因为这年头“酒香也怕巷子深”，假如你没有互联网平台，不利用互联网，只开店的话，尤其是对家居建材这个行业，消费者很难知道你提供什么好的服务。而互联网平台的服务一下就撒开了，而且不受时间和空间的限制。我们有很多的在线服务人员，凌晨一两点都有客户在咨询问题。想想如果没有互联网，没有移动互联网，消费者咨询一件事情要跑到店里去问，这有多麻烦。比如我们的微信互动，有什么疑问可以直接找我们的线上客服。这就是互联网给我们带来的优势，只是需要你花点时间和资源去推广这个平台。关键是互联网还有一个好处，口碑传播特别快，一旦你有好的口碑，一下就传开了。

李骞：除了线上的优势外，尚品宅配在线下是如何布局的？如果开店的话，一般都是去什么地方开？如何进行评估的？

李嘉聪：首先考虑的肯定是卖场的消费定位，我们接近于快时尚的卖场，太骨灰级的、太高端的奢侈品不适合我们，太低端的百货模式也不适合我们。比如说现在流行的快时尚里面，欧时力、H&M、ZARA等，它们的调性跟尚品宅配比较接近，所以首先看整个的商业定位，这个很关键。其次是看客流量，客流量对我们来说是至关重要的，因为我们大部分店都开在购物中心，家居大卖场也不是不开，很旺的像南京金盛国际家居、北京居然之家，我们肯定是进驻的。但是大卖场这两年的客流量不怎么样，所以我们是被迫转战到购物中心的；再一个，我们需要更多的消费者来体验尚品宅配的服务，在购物中心开店也起到免费的宣传作用，使我们的设计服务理念让更多人接触到，而不仅仅是你买家具那一刻才来找尚品宅配。就是说，没房子的、有兴趣的就过来看看我们的设计，我们愿意奉陪。有房子但暂时没有购买家具的需要，也可以过来看看我们的技术，让我们的设计师为你构思一下，这个房子该怎么改造、怎么设计，都可以。这种体验，也是一个口碑传播，让他知道原来尚品宅配可以零风险消费，可以先看到方案，满意了才消费，无非就是想传达这样一个清晰的理念。

李骞：尚品宅配在互联网时代是如何给自己定位的？在这方面尚品宅配与其他家居企业有什么不同的地方？

李嘉聪：上面谈了一些互联网时代的营销管理问题，属于前端问题，其实尚品宅配很早就采取智能化生产，当然现在叫工业 4.0 了，我们整个后端的供应链管理都是用互联网在管理，因为从董事会到我们高管层，基本上清一色的 IT 公司出身，这在其他家居企业是绝无仅有的。现在很多企业动不动就说自己是互联网公司，传统企业也成了互联网企业，其实我们才是真正的互联网企业，因为我们定位尚品宅配就是一个平台，叫家居消费的平台，如果再简单点，就是线上的宜家。宜家是家里所有用的东西都可以买齐，但是还是偏线下体验为主。我们更多是线上和线下相结合，我们比宜家提供更完全更周到的订制设计服务、安装服务、物流服务。其实宜家在某些方面也将我们作为榜样学习。

[案例]　张瑞敏谈去中间化及网络化

在互联网时代，尤其是过去十年电商的发力，让我们看到了价值链的极大缩短，过去企业和用户之间是有距离的，信息是不对称的，企业是中心，企业营销就是对用户发布产品信息，而广告成了一个最主要的渠道。至于用户，则是被动接受企业发布的信息。但互联网时代不一样了，现在用户成了主动的，不管你企业有多少信息，在网上一目了然。互联网时代“我”是主动的，你们都摆在那儿由“我”来挑选。互联网零距离给企业带来了什么？

其实就是网络化，网络化说到底就是没有边界了，原来的企业是有边界的，现在则是无边界的。所以说，在移动互联网时代我们的生存变成取决于用户指尖的移动：他指尖移动到你，你就可能胜；不移动到你，你不可能胜。在某种意义上，市场竞争在线下的时代取决于地段，谁处在一个好的地段谁的产品就可能卖出去；到了互联网时代则取决于流量，谁的流量大谁就有可能抢占先机。

零距离、网络化对海尔来讲，是非常大的颠覆。在线下时，我们曾经算是做得比较好的，在很多地段都有优势，在全国有3万多家自己的店，像毛细血管一样，渗透到镇里头甚至村里面。但是在线上，在移动互联网时代，我能不能真正地争取到用户的时间呢？过去靠发布争取用户，谁的声音大，谁就能够占一点便宜。但现在，在设计阶段可能用户就参与进来了，像小米手机，它没有设计，而是用户参与进来后，带来了很多设计资源。这对于我们来讲可能就是一种颠覆，从某种意义上说，企业过去的一些资产，现在很有可能变成包袱或者负债。

（本文摘自新华网，有删改）

第三节　大数据与云计算

| 总理背书“互联网+”

2015年3月16日，周一，中国几大股指大幅上扬，创造了67个月以来的股指新高，全国股民用股指表达了对李克强总理前一天新闻发布会的响应和支持。3月15日，李克强总理在答记者问中，提到自己亲身参与网购，愿意为电商等新型业态代言。在很多场合，李克强总理不遗余力地强调互联网对各个产业的渗透和结合是未来经济转型的大方向，并屡次强调大数据和云计算是产业互联网的关键基础。所以，我们看到，在3月16日这一天，在股指的大幅上扬中，关于互联网板块的涨幅居于领先地位，说明股指已经率先觉察和反馈到整个经济形态在未来的趋势。

为什么李克强总理强调大数据和云计算是未来产业互联网的关键？我们不妨回顾一下历史上的三次工业革命，每一次工业革命都是以科学技术的突破和聚焦为基础。第一次工业革命以蒸汽机为代表，第二次工业革命以电气为代表，第三次工业革命则是以计算机信息技术为基础。移动网络的成熟，大数据和云计算的兴起，以及未来无所不在的智能终端将会出现。当这几种力量聚焦在一起的时候，被李克强总理称为“互联网+”的产业互联网将会成为这一波产业革命的最高点。

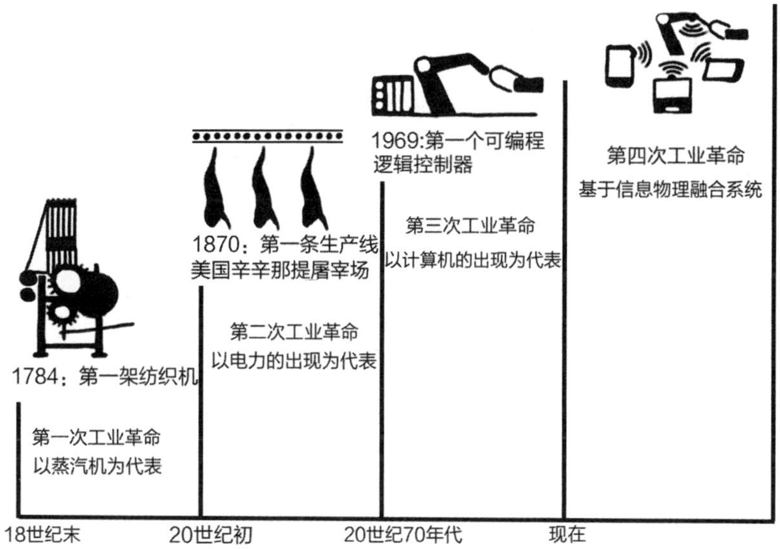

图 2-3 三次工业革命演进图，目前我们所谈的产业互联网或“互联网+”，虽然没有严格意义上成为第四次工业革命，但似乎正在发生，本图来源于乌尔里希·森德勒所著的《工业 4.0》

数据资产

我们也可以从另外一个角度解释大数据和云计算为什么会如此重要。在 BAT 三大互联网公司中，如果问他们最重要的资产是什么，李彦宏会说百度有大数据，马云会说阿里巴巴有大数据，马化腾会说腾讯有大数据。可见大数据已成为我国互联网巨头的核心资产，而现在这些资产为未来整个中国产业互联网的发展夯实了基础。就像马云 3 月 16 日在德国的演讲中提到，未来 30 年，整个产业经济的核心就是数据，大数据和云计算将会改变整个产业的形态。过去的互联网缺了一条腿，而缺了的这一条腿需要跟传统产业结合才能形成整个产业互联网化的完整生态。

关于大数据和云计算，经过这么多年的讨论，尤其是经过李克强总理的强调后，已经全民皆知。很多时候，我们对概念的东西耳熟能详，但在变革的时候却不能应对自如，为什么？因为我们经常是听到就感觉自己懂了、明白了，听得越多以为自己越懂，其实这是一个假象，因为听和做是两码事。虽然我们不能要求每个人都是大数据、云计算方面的专家，但在现实生活中，大数据和云计算确确实实在不断发生作用。所以在今天无论是产业互联网化也好，“互联网+”也好，其实我们没必要追究大数据到底是什么、云计算到底是什么，我们需要的是认识和做。

在现实生活中，已经有很多这样的案例发生在我们眼前。比如我们经常接触的出租车。就司机的从业能力和知识水平来讲，出租车这个行业在各行业中应该不是那种高大上的行业，可能在很多其他行业人士看来，还属于“土鳖”行业，但现在我们发现，在中国，出租车行业的互联网化程度是比较深的，每个司机只要借助一个智能手机就可以极大地提高接客效率。短短几个月的时间，互联网就将这个行业改造得面目全非，让过去的电话召车平台沦为摆设。

丨 干比想重要

所以，对传统企业而言，对大数据的理解和运用，不是抓着概念不放，而要大胆运用。

那么如何理解和运用大数据和云计算呢？首先，大数据运用可以实现企业对用户的洞察。今天，很多传统企业搞不清楚“消费者到底去哪了”，这是因为在原有的营销模式下，产品从厂家到代理商再到零售终端最后到消费者手中，这么长的环节无法迅速洞察用户需求。因为无法洞察用户的需求，所以企业生产是基于小规模的样本调研来决断，虽然大多数企业尽可能客观地去预测消费者到底需要什么样的产品，但囿于时间和市场地域的限制，这种预测并不精确，甚至不能说准确。

随着越来越多的消费者习惯网络购物，消费者无论从消费行为还是消费习惯来讲都发生了根本性的变化。现在大部分年轻的用户都转向互联网消费，而智能终端的普及更让他们能够利用手机等智能终端解决一切生活相关服务，例如买东西、叫服务等等，只要手中有一台智能手机，就可以轻而易举地解决各种生活所需。

那么如何利用大数据来洞察用户的需求呢？对绝大部分传统企业来讲，目前还不具备专业的技术团队进行数据分析，但现在运用公共的平台及第三方服务公司可以实现对消费者的洞察。

图 2-4　大数据的营销价值，
可以开展基于多种平台数据采集的用户洞察

过去，传统的家装公司是采用线下寻找客源的方式接单，比如通过获取新开盘小区的业主电话，一个个打电话或发短信，再预约客户到某个场地进行业务介绍，然后有需求再上门测量、开工服务。随着国家对个人信息隐私的重视，拿到新房用户的电话将会变得困难，对于大企业而言，这是冒法律风险的营销行为，客户对电话泄露也越来越反感，所以获取家装需求用户的难度越来越大，成本也越来越高。那在这种情况下，家装公司寻找用户的方式就要发生变化，寻找网络用户，尽量精准找到他们。而在网络上运用数据分析，描绘家装人群，就是大数据分析与运用行为，可以由第三方服务公司提供服务。

丨个性化与群体个性化

李开复有一句话值得借鉴，“不要用过去的观点看未来”。

过去很多人，尤其是传统行业人士，都以为互联网上的消费者是个性化的，网络上的每个人消费需求迥异，并不能形成有效的购买力。放在小范围的情况下来看这个结论似乎成立，但如果说放在更大的层面上理解，互联网的人群仍然是族群化的。这可以从最近几年，小米、微商、逻辑思维的崛起看到，事实上社群经济在互联网上存在已久，只是过去没有足够的生态反哺机制，豆瓣、QQ空间、微博等社交或社区化平台里都蕴含着社群经济的微观模型。

有社交的地方就有人群，有人群的地方就有市场，早期的社群经济以兴趣为中心形成松散的组织形式，由于缺乏无缝的连接管道，那时候的人们更多的是纯粹精神层面的社群，很少一部分人能够通过社群获得经济上的成功。但现在不一样了，随着互联网化的深入，随着消费者消费习惯的迁移，网络上很快就将有类似消费习惯、相同品位需求的人结合在一起，并且在族群之间极易形成口碑传播效应。

过去，传统家装公司开发产品的做法是设计很多的装修图纸，然后让客户进行被动选择，选择好之后，再针对个别客户的要求进行修改，这样就意味着每一个装修客户都需要与一个专门的设计师进行对接。这实际上是非常笨重、效率非常低的一种方式。对家装而言，如果能够更准确地把握消费者喜好，就能够为消费者提供更好的设计和服务。以某一类“消费者是谁”来定位样板间的风格，更是以消费需求为驱动力制造产品，覆盖同一个价位区间、兴趣相同的客户。这样的社群化装修将会形成互联网背景下很多类型的特色装修公司。

今天的个性化是群体的个性化，而不是单个人的个性化，所以对消费人群的分析完全可以提升企业效率。比如我们还可以利用大数据来对我们的明星代言进行选择。明星代言是很多企业选择传播的一种常规方式，希望借用明星的人气效应来引导消费者对产品的青睐。过去企业选择明星代言，通常是老板或高管在一定小范围征集意见，甚至直接根据个人的喜好确定明星是不是符合企业的品牌诉求、定位和形象。当然，这样做可能也会带来很好的效果，但如果所选明星与企业形象不匹配，那么对企业产生的负面影响也很大。如果企业用数据来选择代言明星，就会降低出错率。

现在企业可以借助很多公共的大数据平台来筛选代言人，比如百度指数。百度指数里面有一个关注度指数，我们只要搜索要选择的意向明星，就知道他（她）的近期关注度是高还是低，是什么样的族群在关注。过去企业无法获取这样的数据，或者说没有类似的公共平台来抓取所需要的确切数据。但是在今天很多企业轻而易举就能做到这一点，无非就是根据大数据获取信息，然后再进行处理。

| 数据与资源配置

在《大数据时代》中，作者维克托·舍恩伯格说，大数据技术的战略意义不在于掌握庞大的数据信息，而在于对这些含有意义的数据进行专业化处理。当我们将很多有意义的数据处理之后，就会产生意想不到的成果。让资源得到有效配置就是大数据产生意想不到的成果之一。

比如大数据对交通的改造。

众所周知，交通拥堵在我国已经成为一个令全社会都头疼的问题，不仅造成了城市上班族的效率极低，而且造成了极大的资源浪费。我记得相关报道上有这样一个粗略统计，说现在买一辆车的实际使用时间不足5%，另外的时间不是停在车库里面，就是堵在路上。购买一辆车花了几万元到几十万元不等，而这辆车95%的时间都没有得到有效的利用。但大数据可能会有效解决这一问题。当我们把每一条道路的交通情况进行数据化的处理后，就会知道哪条线路拥堵，哪条线路不拥堵。目前，这项数据处理技术已经运用在很多交通软件上。比如高德地图，这款APP能在路线很拥堵的时候显示红线，路线比较拥堵的时候显示黄线，而路线畅通的时候显示绿线，那我们在出行的时候，就可以根据地图提示，选择路线导航，更快地到达目的地。这就是大数据的威力，这个数据不仅直接帮助我们提高了出行的效率，而且还间接提高了经济效益，保护了环境，使我们的出行花了更短的时间，燃烧了更少的汽油，还降低了环境污染。

再进一步，如果我们能够将每台车的使用情况进行数据化，还可以将这些闲置时间开发出来作为公共交通的工具，部分车主可以将自己车的空余时间交出来给第三方代理公司来运用，这就意味着将来我们不是每一个人都必须配备一辆车。虽然现在买车对很多人还是个面子问题，但根本上却是一个交通问题。如果我们运用这种方式，将我们的交通成本降到足够低，同时又保证我们有足够的车来使用，那么很明显，我们每一个城市的汽车保有量不会像今天这么多，也降低了交通负担和环境污染，对整个社会都是一种正能量。

除了对传统商业模式的颠覆外，我们也可以在生产上看到很多关于大数据的应用。在上一章我们提到了家居企业索菲亚是如何利用互联网带来的信息化提高生产效率的，另一家订制家具企业——尚品宅配，在这方面知名度可能更高。

早在2007年，尚品宅配就将北上广一线城市的所有楼盘数据都收集起来，建立了“房型库”。因为中国楼盘虽然多，但是户型的种类却没多少，而房间的类型可能更少。综合统计分析下来，全国这么多的房子，其实只有大约100种卧室和70种客厅。在尚品宅配看来，全国的家居需求不再是那些数量庞大的房子，而是一个个独立的房间，一件件配套的家具，甚至是一块块独立的木板。再往后，尚品宅配的数据库从单一的房型库扩展到整个产品库、设计库的三位一体，相互打通成为“云设计库”。一位顾客只要告知所在城市、楼盘、房价、收入、年龄等信息，设计师就可以在系统中找到过去三个月、半年、一年内类似顾客中受欢迎的几十甚至上百套方案，作为参考。如果顾客在价格、样式、颜色、布局等细节上有任何的要求，只需要在现有方案上进行微调，设计流程非常快捷。而这每一套新的方案，又会上传至数据库中，成为后来者的参考。

这样重复滚动之下，短短五六年时间，尚品宅配竟然已经为全国近3万个楼盘40多万户家庭提供了近30万种个性化方案。借助大数据云设计库，尚品宅配通过一条柔性生产链迅速满足了客户的个性化需求。这条生产链和上一章提到的家居企业索菲亚有相似的地方，在此不再赘述。

除此之外，关于大数据的应用案例还有很多，比如开店，虽然电商在今天已经很发达，但并不意味着不需要实体店，对某些产品而言需要线下体验店。那么如何选择开店的位置，开多大的店比较合适呢？过去，我们通常是安排工作人员去考察，计算每天经过某个位置的人流，观察一个星期左右的时间再决定是否开店、开多大的店。但是在今天没必要这样做，因为借助电商平台或其他移动端的工具，我们可以看到某个区域对某一款产品的实际需求量，如果需求量大到一定的程度，足以承受一个实体店的固定成本后，那我们可以说某个位置适合开店。我们只要有数据就能将开店的效率大幅度提升。

其实对于数据进行分析和应用我们从古至今都在做，只是在今天计算能力的大幅度提升，致使我们可以有条件对更庞大的、更全面的数据进行分析和处理。所以这种大规模数据的积累、分析和处理，让数据产生了以往数据所没有的价值，解决了我们以前小规模数据不能解决的问题。具体到单个产业，今天的大数据和云计算对不同的产业影响力有深有浅，影响的程度不一样，但它确确实实已经开始影响产业的方方面面。比如，对石油行业而言，好像与互联网不甚搭界，但中石化已经开始与阿里巴巴就相关合作进行沟通。据称，未来中石化将利用阿里云打通内部信息系统，在通过大数据提升产油量、统一支付体系、车联网、电商 O2O 等方面开展广泛合作。

所以说，对于很多看似与互联网无关的行业，当互联网来敲门时，一定不要拒之千里。在今天互联网对传统产业的改革正如火如荼之际，如果错过了这个节点，就会在新兴产业变革来临之前倒下，当然也会有部分高瞻远瞩的企业在产业转型之后迅速壮大。今天将会是某些企业的天堂，也会是某些企业的地狱。

[案例] 中石化牵手阿里巴巴拥抱“互联网+”

昨日，《证券日报》记者从中石化官方微博“石化实说”获知，中石化正借助阿里等企业在云计算、大数据方面的技术优势，对部分传统石油化工业务进行升级，打造多业态的商业服务新模式，以给社会公众提供更优质、更便捷的服务。目前，这些项目正在设计或建设之中，成熟之后会向社会公布。这些是技术服务，不是股份合作。

中石化表示，公司正以积极的态度拥抱“互联网+”带来的新机遇，加紧推进“两化”深度融合，实现信息技术与制造技术深度融合的数字化、网络化、智能化，在新一轮科技革命产业变革中抢得先机，实现转型发展。

据了解，阿里巴巴集团首席技术官王坚去年底曾到访中国石化集团公司，与高管进行密切交流。王坚表示：“中石化有大量的线下加油站，每天都在收集海量的加油数据，如果有一天中石化把数据变成财富的话，那么中石化就很了不起。”

截至2014年底，中石化拥有自营加油（气）站3万多座，开设易捷便利店2.4万座，每天为客户提供服务2000万人次，拥有约8000万加油卡持卡客户。2014年公司非油品营业额达171亿元，同比增长28%。

值得一提的是，4月10日，“中石化森美武夷特产便利店”淘宝旗舰店正式开张营业，易捷便利店迈出了跨界经营新步伐，通过“网络+实体”这一模式，把线上线下平台打通。

此外，去年8月，中石化销售有限公司与腾讯科技签订业务框架合作协议。根据协议，双方将主要在业务开发与推广、移动支付、媒介宣传、O2O业务、地图导航、用户忠诚度管理、大数据应用与交叉营销等领域探索开展合作。

傅成玉表示，非油业务想象空间巨大、发展潜力巨大，是个金矿。中石化借移动互联跨界发展空间巨大，更能放大价值。今后在发展优势油品业务的同时，将大力挖掘非油业务潜力，未来重点发展便利店、汽车服务、O2O、金融服务、环保产品和广告等新兴业务，打造全新商业模式，逐渐从油品供应商向综合服务商转变。

前不久，中石化董事长傅成玉透露，中石化便利店业务已通过混改取得显著进展，今年前两个月，便利店业务规模同比增长了60%。今年将全面启动基于互联网的车联网、O2O、互联网金融等六大创新业务。

实际上，从中石化混改引入民资开始，其与阿里巴巴合作的传闻就从未间断。此次，"改革先锋"傅成玉与"互联网大佬"马云的"牵手"能擦出怎样的火花呢？

有业内人士向《证券日报》记者透露，从中石化目前混改的速度来看，与阿里巴巴的合作并不意外。通过互联网和O2O等形式，对已有的加油站便利店进行智能化改造，该业务未来有很大的空间。

（本文来自《证券日报》，有删改）

第四节　理解移动互联

丨移动重构商业逻辑

随着智能手机的普及和4G网络技术的推广，移动互联网时代已不约而至。我们在2000年时还得通过固定的PC拨号访问有限的网址，如今很多街边小店都会将二维码摆放在桌上，这是不可思议的。当下，只要人手一部手机，就能够合理规划和解决“衣食住行”，这样的生活场景在十几年前甚至五年前都是难以想象的。过去我们的衣食住行都是“用腿跑出来的”，而现在我们的衣食住行都是“用手摸出来的”，只要用手指轻点几下手机屏幕，就可以足不出户获得所需产品和服务，得到最大限度的满足。对生活在移动互联网背景下的大多数人来说，都乐于拥抱、享受新时代带来的便捷生活。而对于大多数传统产业而言，则亟须转变传统思维，重构原有的商业逻辑，重塑原有的价值链。

记得在2012年，腾讯刚刚推出微信的时候，大家一致认为马化腾“获得了第一张移动互联网时代的船票”。这让其他互联网巨头十分惊恐，大家都在摸索新的移动互联网时代到底该怎么走，怎么才能抢占到属于自己的那一块蛋糕和资源。于是，我们看到阿里巴巴推出了来往，网易推出了易信，以及新浪推出了微米。为什么移动互联网如此重要？过去我们也生活在互联网时代，但是以PC端为主。虽然PC端打破了原有的商业生态，最明显的例子就是在这十年左右，电商如火如荼地发展起来，对传统渠道商、零售终端造成致命的冲击。但与移动端相比，PC端无法将时间、地点以及兴趣等各种维度聚合到一起。移动互联网却能够做到这点，这就使得信息流通的渠道无限丰富，信息流通的门槛被无限拉低——这意味着，对信息控制、传播和解释的垄断权被消解，信息将按照更有效率、更容易传播的方式进行重构，从而更便利人们的工作和生活。通俗来说，移动互联网已经侵入了我们生活的每个角落。

移动互联网将以百倍、千倍的幅度对整个产业进行新一轮的颠覆性创造。

移动互联网为何会对整个传统产业进行重新布局？我们可以从几个简单维度来审视。

首先，我们来看智能终端的用户量。以手机和平板电脑为例，在我国将近 14 亿的人口中，整个智能终端的持有量是 12 亿，并且随着智能手机越来越普及，未来人手不止一台智能终端。量变引起质变，如此庞大的数量足以促使传统互联网生态逐渐转向移动互联网生态。前面我曾引述凯文·凯利的话，当数量还很小的时候，不会引起质的变化，但是当数量巨大时，就会形成旋涡效应。同理，前几年，当智能手机的数量还很少的时候，传统产业链还在受传统互联网的颠覆，当现在智能手机数量飞跃增长的时候，就形成了今天移动互联网席卷整个产业的格局。

其次，这也可以从智能手机在我们生活中占据的时间来看。在 PC 时代，我们只在办公时间密集使用电脑，一旦离开办公桌，电脑便跟我们没有太大关系。最多是回家加班或查资料、看电影、聊天才用。除了一部分所谓的“网虫”外，大部分人使用电脑的频率在日常活动中并不是很高。但今天不一样，我们可以观察周围的亲人、朋友或同事，大部分人除了睡觉外，手机总是拿在手中，大多数时候不是用来打电话，而是在看微信、看新闻或者浏览各种 APP。无论是在旅途中还是躺在床上，似乎每个人的时间都被手机占据了。移动互联网智能终端占据了我们大部分的时间，也就是说移动互联网的流量将会数十倍、百倍于传统互联网所产生的流量。在 PC 时代我们讲流量就是经济，抢占流量入口就是抢夺营销资源，在移动互联网时代同样如此。

最后，智能终端已经不再是简简单单打电话发短信的工具，它已经承担了我们生活方式的延伸，这个延伸不仅表现在占据我们时间的长度，更表现在它的智能化。我们可以看到智能终端里面有语音功能、通话功能、感知功能、照相功能、动态地理位置功能等，所以智能终端现在已经成了我们器官的延伸，而这种延伸将会诞生无数经济上的可能性。所以综合这三点来看，移动互联网已经成为像水、电、煤一样的基础设施，而这个基础设施将会加速整个产业的效率提升和重新改造。

移动互联网对传统产业的改造在各行各业都已经发生，只是发生的层面和深度有所不同，刚开始的时候总是从那些易于信息化、易于提升效率的部分开始，比如餐饮业这一古老而常新的行业。2012 年，艾瑞咨询发布的《科技如何改变餐饮》显示，在北京、上海、广州、深圳等大城市有外出就餐习惯的受访者中，99%以上有餐前搜集餐馆信息的习惯，50%以上在就餐前习惯查询优惠信息、口味特色、餐馆环境、地理位置和服务质量等信息。当下，人们摇一摇手机就可以找到餐馆，扫一扫微信二维码就可以打折，传统的会员卡变成了存在手机上的虚拟卡片，移动互联网让人们的饮食消费决策变得更加立体而精准。移动互联网对餐饮行业的渗透不仅仅表现在饮食信息如何更低成本、便捷、快速地传递给消费者，更多的改变表现在整个餐饮业价值链都在改变。

信息流、物流与资金流

类似的改变也发生在出租车、旅游、教育等传统行业。移动互联网的出现让人与人之间的连接更便利，我们目前所接触的智能终端以手机为主，除了睡觉外，其他时间基本上都伴随我们左右，而智能终端的连接间接加深了人与人之间的联系，所以形成很多人与人之间联系的生意。比如说近两年兴起的 P2P 模式，在金融、教育、租车等领域不断深耕，诞生了平台。在金融领域，过去银行通过利差赚钱，而现在储蓄者和借贷者可以通过 APP 直接来进行借贷融资。教育领域也是如此，在互联网的帮助下，教师与学生之间可以直接联系，学校这个平台就可能被绕过，甚至包括新东方这样的培训学校，都感受到来自 YY 等平台的威胁。所以移动互联网首先是重构了人与人之间的关系，让人与人之间的信息连接变得更容易、更透明，消除了中间平台，极大地提升了效率。为什么移动互联网会如此迅速有效地对传统产业进行重构？因为移动互联网重塑了几个流：一是信息流，二是物流，三是资金流。

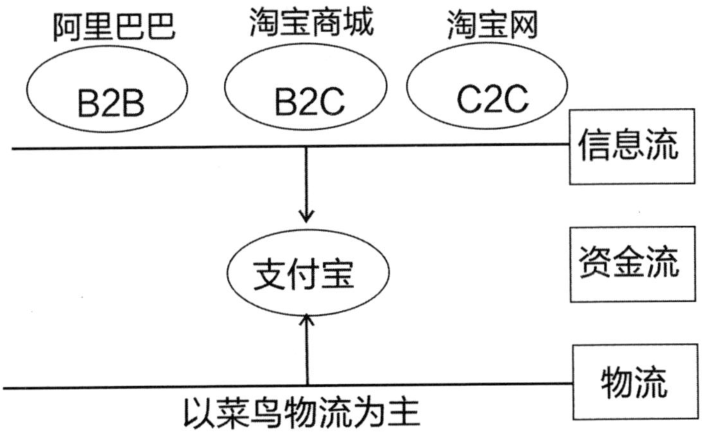

图 2-5　以阿里巴巴集团为例。互联网对信息流、资金流、物流进行了重塑，移动互联网对这“三流”的塑造更进一层

第一，信息流。移动互联网对信息流的改造体现在方方面面，也就是说从产品端到消费者端，消费者端对厂家的意见的反馈，所有这些相应的信息我们都能通过移动互联网查询到。比如说现在很多企业开通了微信公众号，能够对消费者的意见第一时间进行跟进，方便了企业与消费者之间的互动。

第二，物流。移动互联网是如何重塑物流的？以快递业为例，随着快递公司开始利用移动互联网改造其物流体系，快递行业很快迈入信息化时代，创建物流信息 APP 客户端，加入微信公众号服务平台成为很多物流企业的选择，这种触网模式对物流企业产生了重大影响，不但使信息交易的速度加快，而且一定程度上加快了货物的周转速度。比如我们发快递的时候，可以通过我们的智能终端下订单，离我们最近的收货员就会把物件取走，同时将物件信息输入到物流管理系统中，然后我们就可以通过手机查询到物件的动态流程，由哪个人配送，到达了哪儿。对于发件人和收件人来讲，只要有快递编号就能够清楚整个发送流程。同时，这种物流信息平台的建立也为配货站、车主和货运司机提供了基于移动终端的找货和车辆管理应用功能，满足车找货、货找车的物流配货需求以及车主对司机、车辆的监督需求，成功解决了车主的配货、车辆和货物跟踪监控等问题，大大提升了物流行业的效率。

第三，资金流。这里谈到的资金流，不是指传统意义上的资金周转，而是移动互联网的出现，让支付环节变得更便利。比如过去我们去商店买东西，售货员会用扫码器扫码，然后告诉我们应该花多少钱，然后我们拿出银行卡刷卡签字，或者直接付现金。但在今天，支付的方式方法正在悄然发生改变，只要我们拿出手机扫描二维码确定支付，我们整个支付就可完成，所以大幅提高了支付的效率，让资金流动变得更加自在。

| 重构消费场景

以上三个流使得移动互联网对消费场景进行了重构。为什么说“场景”这个词在移动互联网时代很重要，因为传统 PC 互联网的世界无法实现移动，而移动互联网的核心就是“移动”。

目前我们的消费场景不外乎两个，一个是纯线上的购物，消费者在线上觉得产品和服务比较适合自己，就会产生购买行为；另一个是线下的终端卖场，包括各种零售终端，以大卖场、专卖店、便利店为主。过去我们在构建消费场景的时候，一般要精心打造，力求货品齐全，店面高大上。但今天移动互联网对传统的消费场景进了变革，很多货品已不需要摆在传统的零售店中，只需将畅销品摆在实体店即可，因为电商平台上可以展示更加丰富的产品。当消费者在线上看到爆款后，或许还想浏览其他产品，这完全可以通过我们的智能手机查询到。所以，未来的消费场景不但提高了线下卖场的效率，而且还降低了库存积压风险。

前几年，我们都在谈 O2O，其实 O2O 能够有效落地最重要的一点就是移动互联网时代的到来，正因为移动互联网的出现为企业打通线上和线下提供了条件。因为消费者可以随时随地从线上转到线下或者从线下转到线上。所以，未来移动互联网会成为传统产业和互联网结合的基础条件，像水、电、煤一样，成为未来整个产业链的信息中枢和指挥中心。

在所有营销话题中，纵使千变万变，有一条最基本的逻辑是不变的，就是商业是跟着人走的，有人的地方就有商业。移动互联网时代也是如此，因为人被移动互联网化，所以未来移动互联网变革到什么地方，生意就会追到什么地方。几年前，很多传统企业和商家认为互联网是一种虚拟的东西，自身不会被互联网淘汰，但今天持这种观点的人几乎不见了，随着移动互联网时代的到来，未来几乎没有任何一家传统企业或商家会躲开互联网的浪潮而能够生存。因为未来，移动互联网不仅会控制所有线上的流量，而且也会控制线下的流量。记得 2012 年，王健林和马云打赌说，互联网也有不能做的事，比如看电影、吃饭和洗脚总是在线下进行的。王健林的话放到现在也没错，体验式消费必须在一定的消费场所消费。但最近几年，我们看到，伴随着移动互联网的发力，无论是电影、餐饮还是洗衣、美甲等其他线下服务的企业，恰恰是被移动互联网颠覆最早的行业，因为移动互联网已经借助自己的优势通过各种方式控制了线下的流量入口。

当然，现在也有很多传统产业的人会说，我这个产业和互联网“八竿子打不着”，即使是移动互联网也不能奈我何。但是不要忘记，很多事情在刚刚发生的时候总是不会引起足够的重视，当变化真正来临的时候已经晚了，已经追悔莫及。这样的事在过去上演过，在将来还会发生。所以，不要等到移动互联网把我们掀翻我们才真正理解了趋势的力量，我们应该在潮流向我们涌动的时候，就密切关注，勇于尝试，这样才能够在未来抢占先机。

第五节 信用的力量

| 人格魅力体与品牌魅力体

守信用，自古以来就是中华民族尊崇的传统美德，按照老百姓最简单的理解就是“说话算数”。司马迁在《史记》中记载一个叫季布的人，为人非常守信用，答应别人的事情一定会做到，因此很多人评价季布说“得黄金百斤，不如得季布一诺”。从季布身上我们可以看到，一个人有信用，走到哪儿都会受人尊敬。我们从小也听过“狼来了”的故事，讲一个牧童，三番两次欺骗乡亲说“狼来了”，开始两次乡亲们还信以为真，到第三次，乡亲们以为牧童又拿他们开玩笑，以至于狼真的来了却没人搭理，羊最终被吃掉。可见，一个人失去信用，基本上就等于把自己置于覆灭之境。

信用对一个人如此，对一个企业更是如此。企业无论处于什么发展阶段，无论处于什么发展环境，一旦丧失信用就等于丧失了一切。前些年，南京冠生园因为“大量使用霉变及退回馅料生产月饼”，失去百年老字号的资格；“三聚氰胺事件”让奶粉巨头三鹿轰然倒下。这样的案例不仅集中在食品行业，其他行业也数不胜数，很多企业就因为失去信用而忽然倒闭。

也有很多企业因为信用良好而被消费者广泛青睐。北京同仁堂是全国中药行业著名的老字号，在同仁堂有这样一句话，“炮制虽繁必不敢省人工，品味虽贵必不敢减物力。修合无人见，存心有天知”。在300多年的风雨历程中，历代同仁堂人始终恪守这一理念，所以同仁堂备受消费者的喜欢，其产品行销全国，享誉海内外。

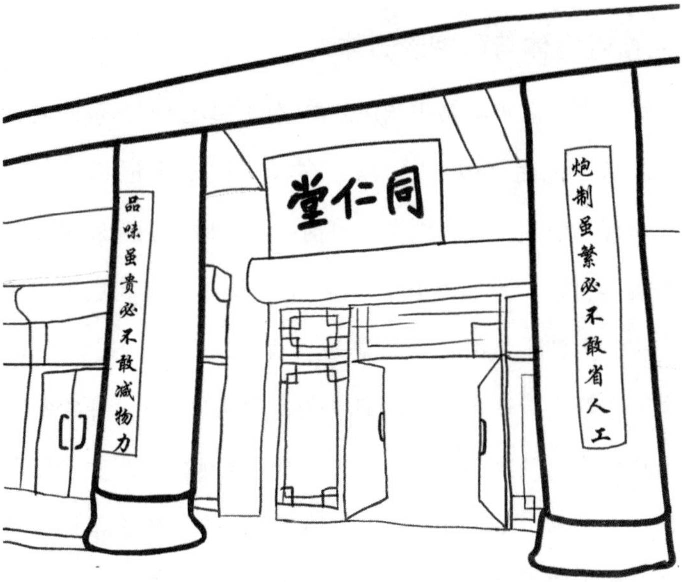

图 2-6　北京同仁堂，国药老字号。“炮制虽繁必不敢省人工，品味虽贵必不敢减物力”的理念一直坚持至今

总之，无论什么时代，信用都是一个企业存在发展的根基，所谓“诚生信、信生誉、誉生益”，有了信用才有信誉，有了信誉才能获得消费者认知，有了消费者认知，才可以获得盈利性回报，这是一个最简单不过的道理。在互联网时代，由于我国的网络信用生态建设比较滞后，一些人或企业利用网络对消费者进行欺诈蒙骗，导致很多消费者对网络经济不存在什么好感，影响了互联网时代经济的健康发展。比如，去年以来多达 130 家 P2P 网络贷款平台出现“跑路”、限制提现及大额坏账等风险事件，让很多客户、消费者谈 P2P 而色变。本来 P2P 网贷

属于互联网金融创新的一部分，但在迅猛发展、光彩照人的背后，却因丧失信用等负面消息不断，而成为客户屡屡诟病的对象。

作为企业创始者或者最高领导者，人格魅力体与品牌魅力体是可以合一的，在一定阶段内，两者合一将会产生叠加的传播效果。

最近追求人格魅力体与品牌魅力体合一的是董明珠和格力。这么多年来，我们从来没见过的董明珠形象在这两年出现了，标志是董明珠与雷军的打赌事件。我们可以将董明珠的事业历程分成打赌前和打赌后，而格力也因此可以做同等类型的划分。这两年，董明珠是将自己明星化的，她将自己的个性魅力通过一系列事件放大，形成了巨大的明星效应，而格力的巨大品牌效应和口碑助推了董明珠明星效应的形成。作为格力的董事长，董明珠有条件调动资源打造自己的明星效应，而自己的明星效应反过来助推了格力品牌的成长。可以这么讲，在格力开拓的手机品类中，如果没有董明珠个人人格魅力体的形成，格力手机基本是没机会的，但因为董明珠人格魅力体的形成，再加上格力原来的品牌价值，格力手机的成功概率达到六成以上。

| 隐性人与显性人

那么移动互联网对人与人之间的信用会产生哪些影响呢？这需要对比移动端时代和 PC 端时代对塑造人与人之间的信任度有什么不同。

在 PC 时代，由于现实中的人和网络上的人是分隔开的，我们通常在网上冲浪，泡论坛，或者在潜水，在这些情景中，我们在网络上所表现出来的并不完全等同于现实情况，很多人还故意将网络上的自己和现

图 2-7　仿彼得·施泰纳漫画，刊登于 1993 年《纽约客》，提出了“在互联网上，没人知道你是一条狗”这一深刻又滑稽的命题

实中的自己割裂开来，希望通过虚拟的网络展示自己的另类。所以，就有《纽约客》漫画家彼得·施泰纳的一句名言，“在互联网上，没人知道你是一条狗”，生动形象地说明了 PC 端互联网人与人之间的真实关系。甚至很多现实中的人很诚实，做事情也很有章法，但到了网络上却变坏，干起违法乱纪、违背道德的事。这样的案例比比皆是，在过去几年中，法制栏目曾广泛报道。

但今天不一样了，移动互联网的出现改变了这种线上、线下极不对称的状况，因为就智能手机而言，每张电话卡对应的是一个人，所以现实中的人和线上的人所表现出来的轨迹逐渐合二为一。如果说 PC 时代，网络上的人是一个隐性人，那么在移动互联网时代，线上的人所展现出来的轨迹与现实中的人所展现出来的轨迹就渐渐合二为一。因为在新的移动互联网时代，线上和线下的信用积累会逐渐汇聚到一起，比如说我们移动端的各种支付工具，都需要和自己的身份证号和手机号连接，假如一个人在支付工具的使用中不遵守信用规则，很有可能连累自己在现实生活中的声誉。同样的道理，我们在现实生活中所积累的信誉也会为线上开通各类服务提供资信证明。所以，线上的人和线下的人逐渐趋同后将会大大降低认知一个人的难度，降低交易的成本。

另外，针对人们在互联网上的一些行为轨迹和长时间无意识的表现，我们能够用数据追踪到一个人的行为和习惯，通过这种行为和习惯辨别出这个人的属性，而这个属性经过长时间潜意识的积累之后更能显示出一个人的真实性。比如小米手机，小米手机的移动接口就会帮助米粉们建立人与人之间的信任关系。小米为什么能够做到这点？因为小米在移动入口端有很大的优势。目前小米手机的出货量将近 8000 万部，这近 8000 万部智能手机的背后便是海量的用户数据，小米可以根据这些对用户做一个画像，评估出信用等级。比如说你的事业、你的家庭、你的子女、你的信仰，或者你做的运动等，这些入口都有助于诚信系统的建立。

所以，移动互联网的一个特点就是，可以迅速传播，让每个人在新型的网络环境里面将他（她）的行为迅速放大，好的行为也罢，坏的行为也好，都会被迅速放大。我们过去讲的“好事不出门，坏事传千里”，前半句将不会存在，而后半句将继续存在。这样的迅速被放大的例子太多，比如近几年屡屡曝光的一些明星丑闻，他们过去在公众媒体上表现出来的和实际生活中的人可能不是一回事儿，这种两面性类似于过去线上和线下，展现出来的并不是真实的一面。他们的行为经过曝光后，在微信、微博、各种智能终端的新闻资讯类 APP 上疯传，在社会上被迅速放大，这种坏的形象想再扭转过来是很难的，这也提醒人们必须注意自己的口碑效应。

只有在线上线下一致的情况下才会形成强大的人格魅力和品牌魅力。不管在哪个时代，人格魅力都是非常重要的，特别是在今天因为移动互联网时代的传播效应呈几何级数增加，能让那些成为标杆的企业和个人的影响力更大，让那些不守信用、缺乏道德的人更加臭名远扬。对于企业而言也是如此，企业的品牌魅力与一个人的人格魅力所产生的效应是等同的。当一个企业将品牌经营当作一个人格来经营的时候，就会像珍惜自己的生命一样来珍惜自己的人格。

| 信用+经济的力量

现代的经济就是信用经济，现代的个人更要成为信用的个人。当个人对信用就像对信仰一样毫不怀疑，当信用成为社会毫不怀疑的价值观，成为每个人都自然而然追求的事情时，互联网与信用的结合将会使资源聚集和配置更加高效，产生巨大体量的信用经济。人与人之间交流成本，人与企业之间沟通成本、购物成本都会大幅度下降。比如互联网与信用结合将会产生更多的信用经济，在我们传统的经济体系里面，银行、担保、保险等都属于信用经济的范畴。而在今天移动互联网与信用结合将会产生更多的信用经济的形态。所以我们从整个互联网经济发展来看，支付的结合产生了阿里巴巴的支付宝，支付宝的诞生所做的信用担保让阿里巴巴在 C2C 时代获得了巨大的发展，让所有人与所有人做生意变成可能，所以阿里巴巴成为中国最大的互联网企业之一。所以信用经济将会是巨大的金矿，与互联网结合将会产生更多的价值。比如说现在互联网将所有人的余钱聚合起来，将聚合起来的资本投向具有资金需求而信誉良好的企业，获得投资收益或者利息回报。这是信用和互联网的结合，让那些在原来的时代所不可能做的事情在今天变成可能。

所以在今天信用与互联网的结合将会产生更多的互联网信用经济，而互联网的信用经济不仅是整个国家经济发展的增长点，同时大大促进了传统经济产业互联网更快发展、良性发展。

第六节　不断激活与拥抱创新

| 创新加速度

创新永远不是一个新鲜的话题，任何组织和个人都需要创新，任何时代都提倡创新。只是到了我们这个时代，创新不再像过去那么“专业”和“高大上”。李克强总理不止一次提出要推动“双创”，即“万众创新、大众创业”。可以说，创新已经由过去的“精英”主导变成了现在大众皆可参与的事情。为什么会这样？这很大程度上源于移动互联网对社会的变革，在今天的移动互联网环境下，知识的进步倍速提高、信息的传播倍速加快，给企业经营者留下的学习、反思时间，无疑也大幅压缩了。不及时创新就无法立足，不及时转变就会被淘汰，这已经成为所有创业者、企业经营者的共识。

对企业来讲，创新的本质或者说目的是希望提高企业持续经营的效益和应对变化的世界。而提高经营效益的创新有三种：一种是商业模式的创新，一种是技术的创新，另一种是组织的创新。三者往往是相辅相成、彼此促进的。

| 商业模式创新

在前不久的“互联网+中国”峰会上，马化腾说，所有的行业都应该很清楚，完全可以把“互联网+”这个新的行业融入到自己的行业当中。如果你不这么做，你在你所处的产业和行业就会落伍和被淘汰。互联网是一个技术工具，“互联网+”则是一种能力。马化腾在这儿强调的“能力”，就是指企业应该像过去第一次、第二次工业革命中利用蒸汽机，利用电一样利用互联网，如果利用好了，不失为一种创新能力。

对大多数不以技术为核心的企业来讲，商业模式的创新相对技术上的创新距离我们比较近，因为只要技术成熟，我们就可以加以利用。比如，最近一年多来的滴滴打车和快的打车，将出租车行业搅得“天翻地覆，换了人间”。在移动互联网出现之前，对传统出租车商业模式进行颠覆和创新是无法想象的，但借助移动互联网的技术优势，就是非常好的商业模式的创新。过去我们打车经常会碰到正着急用车的时候打不到车，在位置比较偏僻的地方也很难打到车的情况，这是因为在 PC 互联网时代或者说更早的时候我们无法解决这个问题。而在移动互联网时代，出租车司机可以下载手机应用软件，用户有需求的时候在附近的空驶出租车就能够抢单，抢单的司机按路程远近获取了用户需求的生意。再比如，下雨的时候，我们没有带雨伞，但可以用搭车软件进行预约，预约到指定的位置搭乘出租车。这样就避免了过去我们经常看到的场景，雨天中一个人站在路边向一辆辆呼啸而去的出租车表达自己的无奈，甚至还被来往车辆溅一身雨水，跺脚骂人。所以，简单的商业模式创新就让整个出租车运行的效率得到了大幅度的提升，既减少了出租车的空置率，也方便了乘客打车。

这样的案例正发生在各行各业，对传统行业来讲，运用移动互联网带来的技术优势改造传统产业，提升效率的空间和机会在未来还有很多。

丨技术创新

一般来讲，革命性的技术创新要经历一定的周期才会出现划时代的技术革命，当我们现有的商业模式不能提升效率时，新的技术革命通常就开始发生了。这种技术革命会推动整个产业的大幅提升，比如历史上曾出现的三次工业革命，从手工到蒸汽机，从蒸汽机到电，从电到计算机，每一次都是技术的巨大突破。当然，在更多的时候，人类的创新都是属于改进、改良、优化所产生的微创新，这种微创新同样也会不断提升企业经营的效益。

对今天的传统产业而言，移动互联网对整个传统产业的冲击十分迅猛，让传统产业一时变得手足无措，似乎原来行之有效的方法都已经不管用了，很多企业因为无法跟上整个时代快速的变革而变得很茫然。这就是移动互联网时代给传统产业变革带来的挑战，变化太快以至于跟不上步伐。这对很多企业来说是坏消息，但同时对很多企业来说也是好消息。由于部分企业迅速接受了这种变化，迅速地调整了自己的状态、模式和方法，所以可以在这一过程中迅速地壮大自己的力量。在这种剧烈的变化面前，很多企业的迅速覆灭是再正常不过的事情，而很多企业的新生也是再正常不过的事情。整个社会包括我们今天谈到的产业变革，都是在死亡和新生之间不断向前推进，这是社会演化的基本现象和规律。

对于我们多数人都认为遥不可及、都在仰视的三大互联网巨头BAT，其实它们对于今天的快速变革也是如履薄冰，战战兢兢。马化腾曾说，很难想象如果没有微信的腾讯会是什么样。确实，对技术的突破或者新应用的开发，可能只有一个月的时间，在如此短的时间内，假如腾讯搞不出微信，可能就会被同行超越。所以，当微信这一新应用程序上线后，马化腾终于松了口气。

组织创新

为什么腾讯会诞生微信？这就是我要谈的第三点，组织的创新。马化腾曾经说微信是他们内部团队 PK 的结果。当时同样做手机社交应用的不止一个团队，有的团队是基于原来手 Q 团队来开发应用，因为手 Q 团队是在原来 QQ 和手 Q 的基础上进行创新，很难摆脱前面成功的阴影或者与过去彻底划清界限，所以很难创造突破性的应用。而微信的团队就不一样了，它的开发完全是基于移动互联网，基于智能手机端，没有包袱，开发的软件完全适应了移动互联网新的业态。所以腾讯的内部是通过自己颠覆自己的方式获得不断创新和不断成长的机会，变得越来越强悍。

我们可以回顾当时的竞争格局，当微信推出后，阿里巴巴董事局主席马云十分紧张，因为他明白，将来移动互联网的流量占整个网络流量的比例会越来越高，而且是以加速度的比例增长，因为利用智能终端购物的消费者会越来越多，这对以商业平台为主的阿里巴巴将是致命一击。马云仓促间推出来往迎战，很显然已经丧失了发展的窗口期。幸运的是，由于腾讯当时没有成熟的购物应用，所以阿里巴巴及时将淘宝、天猫等旗下平台快速移动到智能手机端。可见，在移动互联网时代，不仅仅是外部的竞争激烈，内部如果没有良好的竞争机制，就等于没有外部竞争的机会。

著名的家电企业海尔也是这样，张瑞敏对待互联网时代的企业变革，与当初在青岛冰箱厂的变革决心一样大，他说，“没有成功的企业，只有踏上时代节拍的企业，但是一个企业不可能永远踏上时代的节拍，所以企业要像冲浪者，赶上下一个浪尖”。张瑞敏认为，互联网时代的零距离、去中间化、分布式管理的特点，让有着200年传统的古典管理理论不再适用，改变了生产线、组织架构关系和资源部门的配置。所以带着强烈的意愿，张瑞敏打破过去的科层制，将海尔分成一个个独立运行的分散小组织，让创新在内部涌流。

海尔将原先的企业串联流程变成现在的并联流程，各个节点都直接

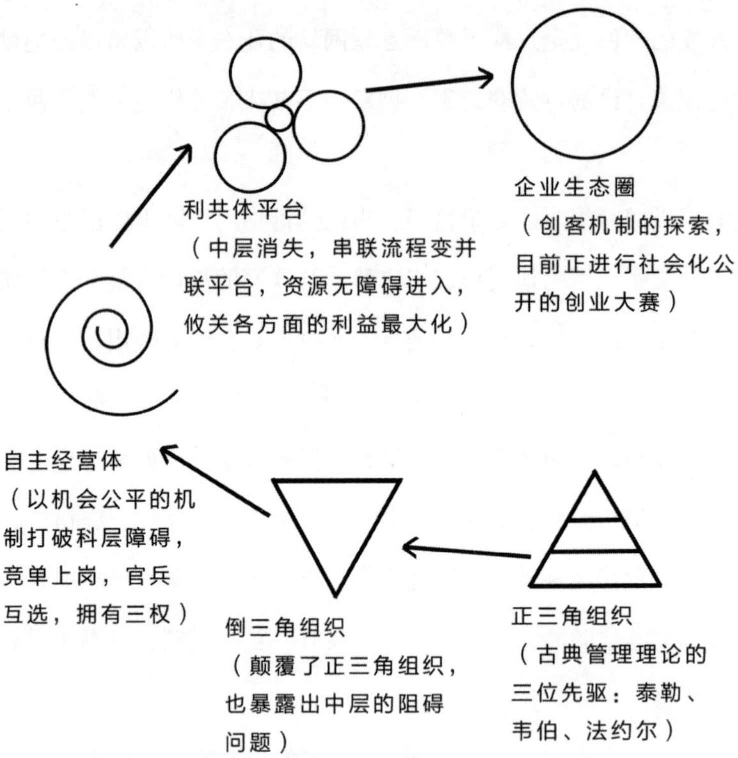

图 2-8　海尔组织结构的演化，将过去的科层级变为现在的利益共同体，从而形成以海尔为中心的企业生态圈

面对用户需求。从产品最初设计开始，用户就参与，一直到最后销售结束。这样，生态圈就不仅仅是企业内部的，而是整个社会资源形成的生态圈。满足用户需求之后产生的价值，达到企业平均利润之后，高出的那块利润，员工可以和企业分利。这种机制驱动每个员工全力创新，以争取更高的利润。

第七节 坚定的信念是成功变革的原点

很多一时成功的企业，领导人在成功时忘乎所以，忘记了当初创业时的初心，成功成为企业的毒苹果；或者在变革时，无法与时俱进，缺乏变革的勇气和执著，被时代淘汰出局。在产业互联网化来势凶猛的大变革面前，未来的发展方向都已经基本明朗，企业实现产业互联网变革所缺乏的不是技术，而是信念。

“其作始也简，其将毕也必巨。”

庄子的这句话意思是说，很多在初创时微不足道的事物，到最后都成就其伟大。在企业界，许多当初不起眼，但拥有雄心壮志的企业，成为今日的商界典范，即便今天如日中天的阿里巴巴，当初亦是如此；今天的雄心壮志也将造就许多未来伟大的企业。但凡成功的企业，今天的成功都是建立在昨天的付出上。那么在未来，企业的成功也将建立在今天领导者的梦想和努力上。在产业大变局面前，传统产业能否实现蜕变，领导者的信念尤为重要。

很多专家学者、企业家都感叹今天的市场变化速度已经远远超越当年，今天的市场阻力也远远超越当年。试想，在 30 多年前，从计划经济向市场经济转型的时候，第一批创业者们面临的市场不确定性比今天小吗？一点也不小。联想的柳传志，华为的任正非，海尔的张瑞敏，这些第一波中国企业家，当年面临的困难绝不亚于今天，甚至远大于今天的创业者。但正因为他们有改变现实的强烈愿望，所以才一路走来，取得今天的成功。

丨促动日本经营之圣稻盛和夫成功的刹那间

在日本的四大“经营之圣”中，其中两位之间发生的故事值得我们体悟。这个故事在稻盛和夫著作《活法》一书中有过描述。在20世纪60年代，松下幸之助已经是一位家喻户晓、大名鼎鼎的企业家，虽然还没有被神话。而这个时候的稻盛和夫还只是一个名不见经传的中小企业主，刚刚创立的企业还面临着生存发展危机。

就像今天的中国，很多中小企业家热衷去听柳传志、张瑞敏、马云、王石、雷军演讲一样，在那个时代的日本，许多中小企业家一样也都喜欢去听松下幸之助、盛田昭夫等杰出企业家的演讲。

有一次，松下幸之助对台下数百位中小企业主讲后来很著名的“水库式经营”。松下幸之助说，没有建水库的河流，在出现大雨的时候很容易出现洪涝灾害，可在干旱的时候河水却会枯竭。所以要建水库，在雨涝的时候，要具备蓄水的功能，以备干旱之需。而在天旱的时候要用蓄水以供农业灌溉。对企业来讲，这个道理也是适用的，企业也要像水库一样，市场好的时候，要懂得积蓄，市场不好的时候，可以把积蓄的力量放出来度过危机，企业经营的环境有好有坏，只有利用水库式经营，企业才可能应对危机。

这本来不是一个难理解的问题，老子在《道德经》中说，“祸兮福所倚，福兮祸所伏”，这两者总在不断地变化过程中。所以根据这种哲学观，无论是国家、个人还是企业，最好的应对之策就是，在好的时候要有预留，在不好的时候才能有积蓄度过艰难。

当松下幸之助讲这个道理的时候，下面的中小企业主们开始起哄了。对台下的中小企业主而言，他们认为更需要的是如何发展和赚钱的问题，而不是建水库的问题。有一个企业家提问时表达不满，如果说我们能实现你这种“水库式经营”当然很好，关键是我们做不到，我们希望听到的是怎么赚钱，可是你没有告诉我们，这不等于白说吗？

这个时候松下幸之助有些难堪，觉得不好回答这位企业家的话，因为根据他自身的经历，他觉得这是不需要问的一个问题。所以，他就自言自语，好像也是自己在回答自己，他说，这个反正得想，必须想，如果你不想，企业在未来就没有机会。

大家显然不满意松下幸之助的回答，于是在场下交头接耳，牢骚满腹。

但其中有一个人的表现与众不同，这个人就是稻盛和夫，他当时30多岁。后来，他在回忆录里说，所有在场的人都哑然失笑的时候，我却好像被一道闪电击中，松下先生讲的话对我来说简直就是真理，犹如一股电流通过全身，受到了极大的震撼。松下先生的“你必须得想”这句话传递了一个真理，“首先得想”，这话很重要，造水库的方法因人而异，没有千篇一律的方法可教，首先得有建造水库的强烈愿望，这种愿望是你做一切事情的开始，如果你有这种强烈的愿望，方法才会随之而来。

在这一群人中，稻盛和夫后来跻身于四大经营之圣，也是其中最年轻，现在唯一健在的一位，当年跟他一起听讲座的人到底都哪里去了，我们不得而知，但是我们应该从这个故事中得到启示，当我们创业的时候，具备一个强烈的愿望很重要；在变革的时候，愿望一样是成功变革的原点。

| 方法跟随强烈的信念而来

愿望是我们事情做成功的一个原点，一旦具备了这种内心升腾起来的强烈愿望，方法随之而来，其他资源在强烈愿望的吸引下，也会逐步被吸引过来。

很多传统企业，热情度不可谓不高，认识也不可谓不深，但为什么在产业互联网的道路上越走越失败？关于这一点，跟企业家对于事物认识的广度、深度和强度有重大关系，如果只是随便说说“我们也努力向产业互联网过渡”，那么产业互联网就成了一种赶时髦。做企业，赶时髦是不可能成功的。

如果没有非常强烈的想法，没有非常强烈的想变革的愿望，就不会有张瑞敏那种自我革命的勇气，就会沦为泛泛地去想一件事情，也就不可能透彻地想清楚未来企业到底应该成为一个什么样的企业。对于产业互联网化之路，未来到底会呈现怎样的状态，为了达到这个状态，我们应该如何去做，对这一问题，很多企业从开始就没有搞明白。当不断出现新问题时，就容易困惑，就会产生动摇而不是迅速调整。

如果有强烈的热情，就会聚焦思考问题，如果聚焦思考，就会看清楚企业的未来。稻盛和夫说，就是要有无论如何也要让事业成功的这种强烈愿望，做到极致，只要具备这种意识，哪怕资金、技术、人才不足，都可以用这种热情和执著去弥补，就可以让事业获得成功。2014年6月底，稻盛和夫在杭州的一次演讲里反复提及，在意识里迷藏着巨大的能量，要远超过用头脑进行的思考，在他的人生中，意识所具备的强大力量是其他任何东西所无法比拟的。

（本节和第八节内容是我在《决胜O2O的七大支柱》一书中所写，属于企业经营哲学范畴，是企业成功的基本素养，所以再次放在本书中。）

第八节　持续执行到底是关键

《西游记》是妇孺皆知的古典名著之一，讲了唐僧师徒西天取经的故事。对唐僧而言，西方的大雷音寺是他取经的最终目的地。“西天取经上大路，一走就是几万里”，唐僧一不会武艺，二没有超强本领，如何带领徒弟们克服“九九八十一难”，最终实现目标，修成正果呢？

从表面上看，师徒中孙悟空的功劳最大，因为他降妖除魔的本领异常高超；猪八戒虽然有这样那样的缺点，却是一个非常搞笑的人物，总是在不经意间给单调烦闷的行程带来些许笑声；沙和尚的吃苦耐劳是无人比肩的，路上所有的行李除了白龙马驮，都是他一个人挑。

细究这个团队的核心精神是什么呢？那就是唐僧身上的信念和锲而不舍的精神，唐僧对取经这一信念从不动摇，感召了三个徒弟，将他们凝聚为一个精诚合作的团队。

取经途中，危机重重。不仅有内部矛盾，几个徒弟都曾想退出取经队伍，悟空几次闹情绪和唐僧翻脸；而八戒也因为念旧（高老庄的媳妇儿）或灰心闹着要分家回高老庄。更大的危险是各路妖精，都想吃了唐僧肉长生不老，一个个前仆后继，千方百计要吃唐僧肉。如果不是唐僧，团队碰到一个个困难，队伍早就散了，遑论上西天完成取经大业啊。不管每一次碰到多大困难，甚至每一次都几乎丧命，但每一次都化险为夷时，唐僧都没有因为碰到困难甚至危及自己生命而放弃前行。

《西游记》绝对是励志经典，没有人能随随便便成功。其实经营企业也是这样，没有哪一家企业能顺风顺水一直做下去。

在产业互联网的发展变革大潮中，传统企业的变革就像企业再来一次西天取经。具备坚定的变革信念之后，我们还需要做什么呢？

我想引用稻盛和夫在《活法》一书中所论述的三个观点。

| 要将变革成功的实现状态以彩色的方式呈现在头脑中

很多企业变革之所以失败，是因为没有看清楚变革的终局是什么，没有在头脑中反反复复思考问题的实现方法，没有在思考过程中排除错误的东西。

稻盛和夫说，思考推敲、反反复复、孜孜不倦，在这个过程中，通向成功的道路变得清晰，仿佛你已经走过一遍。开始的时候只是一个想法，一个变革的梦想，通过这种思考，梦想所希望的东西慢慢地变成可以实现的东西，思考越细致，可能实现的现实便与梦想越接近，梦想和现实的界限消失，梦想实现时的那种状态即便还没有开始，但已经在头脑中清晰地呈现出来了，而这种清晰的状态不是一般的黑白状态，而是非常清晰的彩色状态，更逼真、更自然。如果能清晰地看到未来，剩下的便是开始第二步了。

丨需要缜密的计划和精心的准备

今天的产业变革是前无古人的变革，没有成功经验可以借鉴，鲜有标杆可以学习。在这种巨大机会与风险同在的产业变革中，如果变革成功，企业自是获得快速成长壮大的机会，但稍有不慎，即使企业目前还能维持，有些利润，但也会承受变革不利的巨大代价，这也是现在很多企业的顾忌，明明知道不变不行，不变就是等死，但苦于无应变之策，只能慢慢等死。对这部分企业而言，与其变革快速找死，不如不变等死。只是今天的产业变革，已经不以个人的意志为转移了。

变革的梦想往往只是代表一种热情，但在构建具体的计划时，情况就不同了，这就必须涉及可能出现的各种风险，进行审慎分析，制订周密计划。这要用悲观主义的方式来进行。稻盛和夫特地举例说，日本冒险家大场满郎是全世界第一个徒步穿越北极和南极的人。有一次，大场满郎拜访稻盛和夫，以表达对稻盛和夫提供产品资助的感谢。一见面，稻盛和夫就称赞大场满郎冒险犯难的勇气。但大场满郎立即否定，说，不，我并没有那么神勇，正好相反，我是一个胆小怕死的人，正因为胆小，我就不能不做精心准备，恐怕这才是我成功的原因。稻盛和夫特别感慨，不管什么事业，能够成功必然与众不同。大场满郎的话也表达一个真理，缺乏小心周密为基础的勇气和热情，只是蛮勇，是不能成事的。

在企业界，蛮勇变革的企业比比皆是，失败的案例层出不穷，这都是缺乏缜密思考、精心准备的必然结果。

精心准备后，执行阶段仍然要热情满怀。对于这样一个逻辑环节，稻盛和夫用大胆想象、悲观计划、乐观执行来概括。在我看来，数年前开始尝试电商化的家居企业，之所以到今天仍没有什么进展，主要的原因之一便是没有精心准备便被忽悠上马，赚得了热闹，收获了迷茫，真是得不偿失。

丨持续努力，锲而不舍干到底

稻盛和夫说，梦想与现实的巨大落差常令人烦恼不安。但要想成功，必须过好每一天。此刻这一秒的积累就是今天，今天这一天的积累就是一周，一月，一年，当我们意识到的时候，我们就已经登上了原以为高不可攀的山顶。

企业经营确实很像爬山，当我们面对一座海拔数千米的高峰，我们在山脚下仰望它的时候，觉得很困难，心底会不自觉地产生一种挫折感、畏惧感。可当我们迈开步子，坚定不达目标不罢休的信念，一步一步向前走，我们在某个时段会觉得很累，再也坚持不下去了，可是当我们咬咬牙坚持一会儿，就会发现又轻松许多，当你到达终点后，回头一看，“哇！我居然走了这么多，太了不得了”。

这就是持续的力量。

成功的企业家，其成功不仅仅是商业模式的成功，都有经营哲学在指引。在今天的产业剧变面前，传统的家居企业如何变革？问题实在太多、太杂、太重，人才、资金、技术、模式、竞争、环境等，哪一样都足以致命，要在这种情况下完成企业变革，实在太难。O2O 模式、互联网化的变革亦是如此，这已经不仅仅是方法的问题，还是关于企业经营哲学的问题。如果对企业经营哲学有通透的认识，我相信，今天企业的变革便会有一盏明灯。

第三章

产业互联网时代的五大商业模式

重组价值链

本章内容可以看成“第一章　升维思考与降维竞争：认识产业互联网”的应用版。

与互联网思维一样，商业模式也是一个被大家说烂了的话题，不管对创业者来讲，还是对投资者来讲，首先要考虑的就是商业模式的问题。若商业模式没有可行性，企业经营是无法开展的。对商业模式的解读有很多种说法，最通俗的说法就是通过什么样的途径或方式赚钱。对不同产品或服务，其赚钱的方式千差万别，每个公司切入的方式不一样，也就对商业模式形成了不同的说法。在产业互联网时代，我们想关注的是互联网时代的商业模式有什么特殊性，移动互联网、大数据、云计算等越来越成熟的技术性手段，能为商业模式带来哪些新的价值和新的便利，这些新技术和新手段又将从哪些环节切入才能对商业模式予以优化和提升。这都是我们需要认真考虑的问题。

本章对商业模式的分析，不局限于具体的行业和大家较为熟知的常规商业模式分析，比如 B2C、O2O、C2C、P2P 等，而是站在更高的维度，对商业价值链的构成要素打碎重组，从而分析商业模式最核心的各种构成，找到商业模式的构成规律和基本架构，至于具体的商业模式，则是在这样一个大的架构上生成。

站在更高的维度看商业模式，就会如杜甫诗《望岳》中所说的，“会当凌绝顶，一览众山小”，对眼前的变革了然于胸，胜出的概率自会大大增强。

第一节　超级分工与超级聚合

| 分工是一切商业模式形成的前提

人类社会的分工古已有之，因为我们每个人都有很多不同的需求，而这些不同需求不可能完全依靠我们自己去满足，所以相互之间就约定俗成，做自己擅长的事，然后各自拿出自己的产品和服务来进行交换。通过分工和交换，我们就可以实现虽然不生产某种产品，但一样可以享受这种产品。这样一来，不仅丰富了人类需求的多样性，而且也提高了人类的生产效率和社会的发展速度。

随着生产力的发展，人类社会的分工也越来越细。到目前为止，人类社会主要出现了三次社会大分工，第一次是农业和畜牧业的分离，形成了专门从事农业和专门从事畜牧业的劳动者；第二次分工是手工业和农业的分离，出现了专门的工匠和独立的手工业者，他们从事诸如纺织、榨油、酿酒、器械制造等工作，最早的城镇也是由他们建立起来的；第三次分工是商业的出现，产生了专门从事商业活动的人，从事商业活动的人将工匠和农民第二次分工所产生的产品和服务进行流通买卖，这样一来就缩短了产品流通的距离和时间，极大地提高了产品的流转速度和扩大了传播空间，让更多的区域能够互通有无。

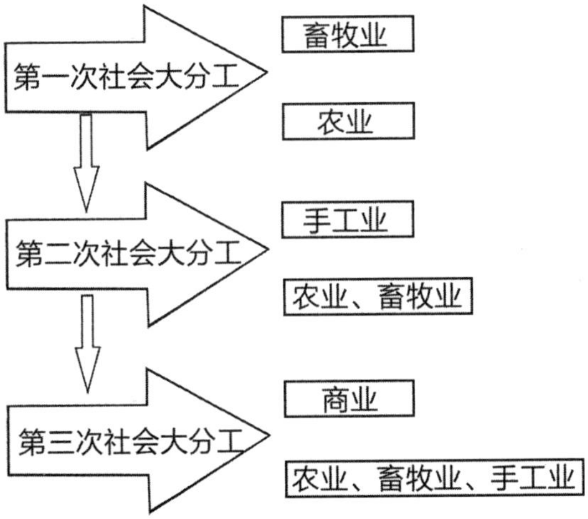

图 3-1 人类社会的三次大分工，每一次分工都促进了生产力的大幅提高

从纵向来看，人类历史的社会大分工就这三次。在这三次分工过程中，又包含横向的分工。比如在每次分工中，会产生一些主要从事研究、管理或文职等工作的劳动者，也就逐渐形成了我们经常说的脑力劳动者。

可见，社会大分工是随人类社会的发展而不断演变的。具体到每个产业、每个企业中，劳动分工也是必不可少的。被称为“古典经济学之父”的亚当·斯密在其代表作《国富论》中曾指出，劳动分工有三大明显优势，一是促进劳动者发展更加专业的技能；二是可以节约由于工作变化而损失的时间；三是可以让那些从事专业工作的劳动者能够用心改良工具和发明器械。随着生产力的发展，劳动分工越来越细，每个环节所对应的人的专业化程度也越来越高。可见，分工的目的是为了将人力进行更有效的聚合，对于每一个环节的劳动者，分工越细将会使之越来越熟练地操作该环节，这样一来就从整体上提高了生产效率。

丨移动互联网时代的超级分工体系

随着信息技术的迅猛发展，特别是处于今天这种产业互联网化的大潮之下，我们今天的社会分工与信息时代之前的分工发生了根本性的变化，这个时代的分工体系我称之超级分工体系，这个分工体系是今天很多商业模式形成的基础。这个体系呈现出以下几个基本特性。

第一是分工全球化。我们可以清楚地看到，今天的分工已经打破了过去的区域限制甚至国家限制，基本上实现了在全球范围内的分工整合。尤其是随着全球化的日益发展，我们可以立足全球去整合资源，利用全球的生产资源、人力资源和知识技能来提高自身的竞争力。很多国际品牌企业，如耐克和阿迪达斯，只做自己最擅长的部分，比如设计和品牌运作，生产部分则交给劳动力价格更便宜、生产成本更低的其他国家，如我国和越南，这样一来不仅降低了生产成本，而且产品还更接近消费市场。再比如，很多企业的客户服务中心并未设在企业总部，而是交由其他人力成本更低的地方，只要对相应人员进行培训即可。这种分工我们已经不能简单用过去专业分工的方式来界定，我称之为“超级分工”，尤其是在今天产业互联网的大形势下，我们原来从厂家到消费者之间的价值链将会被重新塑造，那些效率不高或者没必要存在的环节都将被优化甚至剔除，从而形成更高级别的专业化分工。所以这次分工范围之大，超乎想象，我们必须站在全球的维度来思考企业的价值体系。对于今天形成的全球化分工体系，每一个企业都身处其中，无时无刻不在受这种全球化分工对企业的，这些影响有的是看得见的，有的短期内无法显现。对于短期内无法显现的影响，如果企业不能看到那些影响，并自认为还不错，在数年之后就会因为全球化的影响由隐性变为显性而突然衰落。

第二是更加精细的专业化。未来，价值链的每一个环节都会更加专业化，专业化是效率的基础。由于以前的信息链接不畅通，导致专业化的传播和运营受到区域等不利条件的限制，无法放大专业化的价值，而在今天，由于信息和流通等极大的便利，专业化将会显现更加独特的价值。在企业经营上，过度专业化会导致企业经营风险的提高，这是一个经营风险控制问题，作为专业化制造企业，富士康曾过度依赖苹果订单，但经过多年努力，通过开拓更多代工客户，特别是小米手机订单，使富士康摆脱了对苹果的过度依赖，降低了经营风险。专业化的深度发展与今天另外一种企业形式相关，就是因为不是每一个企业都会成为平台企业，更多是以专业化公司存在，所以对于绝大部分企业而言，专业化、更深的专业化是生存之本。

在今天，利用互联网的优势可以更好地整合服务资源，特别是在互联网技术支撑下，我们有条件用更低成本在全球或者本地征集更好、更专业的人力资源或者工厂资源为我们服务。比如国内的小米手机，小米其实并没有自己的生产工厂，但是它运作出在国内最受欢迎的手机品牌之一，短短数年时间出货量超过 7000 万台，是一个了不起的成就，这是因为小米手机运用了超级分工体系，对每一个环节最优质的资源加以利用。同时在销售的过程中省去了原来漫长的中间服务渠道，利用官网直销的方式送达用户的手中，完成其第一个阶段的战略。

第三是新个体化。我们会发现，未来超级分工对于人而言，很难产生古代所说的那种大师、通才，因为每个人在一定程度上都将变得更专业、更专注。移动互联网将让很多具有一技之长的专业人士有机会为全球提供个人的专业化产品或者服务，个体化的价值得以放大而能独立化生存。

超级分工与超级聚合

从另一个角度来讲，这种超级分工也给现行的管理体系提出了挑战，这种挑战在以往经验看来甚至有点不可思议，所以我们就需要利用这几种资源，将这种超级分工分得更细，同时另一方面使聚合更高效，将分散和集中达到一种完美的统一。当我们用大数据、云计算等新型技术对传统产业进行改造的时候，第一是我们要对整个产业链环节分解得更细，细到不能再细的程度，将每一个环节做到效率、效益最优；第二是我们要学会使用那些将超级的专业分工和超级的专业人士聚合在一起的平台，将那些分散的人的思想、信息、资源产品等聚合成具有更大价值和更大效率的产品或服务，比如说日日顺。物流是脏活儿、累活儿，在互联网时代之前效率很低，但日日顺将大件物流进行了资源的汇聚，在其平台上有数万辆的小微物流公司跟它合作，虽然物流工作在电商时代看起来还是苦活儿、累活儿，但集中在一起就变成了一件很伟大的基础性工作；第三是在这种超级分工和超级聚合的情况下，如何保证产品和服务的品质，这需要一个健全的监控系统。产业互联网时代产生的新的业态就是由第三方监控来保证整个系统的良好运行，而且这种第三方监控同时也是一种专业化。

所以在今天的超级分工系统中，超级专业化与超级聚合会同时进行，从而形成新型的、与过去截然不同的商业模式。

第二节　平台商业模式

| 平台模式是商业分工和发展的集大成者

当两方或两方以上相互之间发生直接交易的效率不是很高时，就会产生第三方平台，聚集两方或者两方以上的群体需求，通过平台这个连接点让其效率变得更高，这就是平台的价值。

搞清平台的构成和意义后，我们不难发现，平台从有交易需求和货物贸易的时候就已经产生了。比如，古代部分家庭生产的产品，自己用不完时便会将剩余的产品拿到集市上去卖，换回那些自己不能生产而又需要的产品，当大家都把自己富余的产品拿到某一个共同的地方去换取自己需要的产品时，就在这个地方形成了最初级的市场。随着市场越来越大，刚开始可能是数量比较少的交易行为，当这种交易行为逐渐形成了一种交易的汇聚地之后，各种各样的产品便会向这里汇聚，从小市场变成大市场，这种古代的商品交易场所就是当时的交易平台。

图 3-2　古代的集市，
可以看成一种有时间限制和地域限制的交易平台

在今天，类似古代这种交易市场其实很多，我们今天很多平台仍然是类似古代那种简易交易市场的延伸。在电商兴起之前，我国很多的传统行业也有这样的平台，比如有专门的家居建材市场、蔬菜批发市场、二手货批发市场等，后来又诞生了专门卖电器的国美、苏宁等大型零售实体店，专门卖家居建材的居然之家和红星美凯龙等，包括现在的万达综合体，归根结底也是这样的平台。它们都试图打造一个实体卖场，借此按产品和品牌区分成很多的产品区域，让各个企业或者代理商在这个平台上开设属于自己的专卖店，当众多商家汇聚在这样一个卖场的时候，就形成了卖方资源的汇聚，同时当周边消费者知道有这样一个品类齐全、购物方便的地方后，也会汇聚到这样一个地方，从而形成了链接企业和消费者的平台。

今天，在产业互联网的触动下，平台发生了很大变化。过去，别管是批发市场还是大卖场，都是可以看得见、摸得着的，也即实体平台。随着互联网的发展，很多平台已经开始虚拟化，诞生了很多以信息、交易、金融、信用等为核心的平台，如果今天的平台还简单停留在原来的那种状态下，就不可避免被虚拟平台冲击。比如在七八年前，我们看到各地的图书批发市场生意还很红火，但以线上购书为主的平台当当网出现之后，这种批发市场很快就开始凋零。现在留存的新华书店也是一个交易平台，它之所以存在，和其所扮演的特殊功能有关，以及其可以为读者提供休闲、娱乐和阅读的体验。但新华书店能生存的最关键的原因是其大部分物业自有，同时在某些图书产品上，新华书店享有独家的产品销售权，所以才获得了继续生存的条件。

正是互联网催生下的电商平台，让原来很多的传统型平台逐渐被电子商务平台所弱化，在原有的平台模式上，很多交易的发生都受地域和时间的限制，也就是说交易范围仅限于周边，时间上也有营业时间的限制。但是电子商务平台的产生极大地提高了成交的效率，不仅缩短了交易距离，而且一天 24 小时都可以交易，所以今天我们可以让全中国甚至全球的产品都呈现在电商平台上。对这种平台模式大家比较容易理解，天猫、京东便是，都是以交易平台为核心，进而延伸新的服务板块。

图 3-3　现在的电商平台

根据现在所呈现出来的平台种类，我认为平台模式大致可以分成以下三种：一种是综合平台，如天猫、淘宝、京东、腾讯；一种是垂直平台；另一种就是集合某些服务环节的平台，我称之为服务平台，这个平台的目的是做好某些环节的基础服务，因为很多行业需要更加专业的服务，这些服务又非自身资源和技术能完全胜任的，所以这种细分的服务性平台的价值就产生了，比如我前面提到的日日顺，就专注于物流服务。

| 综合平台

对于综合平台，基本不用太多解读，因为我们今天的生活已经与这些综合平台息息相关。阿里巴巴、京东、腾讯、百度都是属于这类平台，这些平台要么是对信息集大成，要么是对商品集大成，同时争取尽可能多的用户，利用平台的信用背书和其他服务工具，尽可能多地满足用户的需求，从而形成平台与用户的黏性。这类平台的属性，很容易形成垄断和极高的市场份额，同类平台很难有多家同时存在，创业型公司很难在这样的商业模式下形成机会。

| 垂直平台

垂直平台是聚焦于一个更加细分的行业平台，当某个行业有足够的市场容量，将这个行业的相应信息进行最大化的集中后，就形成了这个行业的垂直平台，这个平台如果汇聚的信息跟交易有关，就会形成交易平台；如果跟资讯有关，就会形成媒体平台；如果跟信用有关，就会形成监控金融平台。比如家装业的土巴兔，目前聚集最核心的要素是全国数万中小装修公司，其次是数十万设计师，这就形成了其服务业主装修服务的第三方平台。今天，土巴兔已经围绕装修服务，形成了装修撮合交易、材料供应、金融担保等服务系统，往细分行业内的综合平台发展。2015 年，土巴兔获得了家装行业最大一笔融资——2 亿美元，也是 2015 年创业公司最大的一笔融资之一，原来不为人所知的土巴兔，一跃成为明星创业企业。我在写家居家装互联网化的一本专著《决胜 O2O 的七大支柱》时，曾经深度关注过这家公司，2014 年更是多次采访，以下关于土巴兔的内容，虽是我 2014 年所写，但对于观察家装垂直平台土巴兔的发展，仍有极大价值。

［案例］　土巴兔王国彬：十年创业，我明白了什么是正确的商业逻辑

每一家企业的成长都与创始人对商业的理解和经历有关。在厘清企业的基本商业模式后，我更愿意关注创始人，因为创始人才是企业成长的最核心动力源，通过创始人的状态也基本可以判断企业是否拥有未来。10 月初，在第二次拜访家装电商的互联网领军企业土巴兔后，我发表了《土巴兔，流量奇迹能否造就行业巨头?》这样一篇短文，引起了行业企业的一些关注。今天，本文稍微偏多地从时间和创始人维度来解析土巴兔的成长逻辑。

谈起土巴兔，恐怕没有人不对其企业名字产生兴趣的。因为世界上并不存在一种叫土巴兔的动物，即便是科幻大片中也不存在。这家始创于 2008 年的装修网站，其名字蕴含怎样的哲理呢？不久前，笔者有幸到土巴兔深圳总部拜访其创始人王国彬，当谈到这个问题的时候，他幽默地笑了，“土巴兔这个名字完全是我自己造的，刚开始我觉得这个名字还有点拗口，觉得取得不大好，但我觉得这

个名字还是让土巴兔发展得非常顺利”。

笔者在半年前与几个家居互联网企业的大佬们一起聊天时，他们都表示，在目前几个比较出色的业内互联网企业中，土巴兔的检索指数非常高，超过了很多装修网站的百度指数，也是少有能获取“自然流量”的装修网站。

说到这儿，读者如果以为土巴兔的成功是因为其名字起得好，那就错了。“如果将三个字拆开的话，土字寓意是脚踏实地；巴就是说整个团队黏结在一起，巴在一起有凝聚力，指哪儿打哪儿；兔就是我们互联网要动如脱兔，速度非常快。土巴兔这个名字非常形象地说明了我们公司身上显著的三个精神特征。”王国彬告诉笔者。

一家企业和其名字没有多大关系，正如一个人取得的成功和其名字没有多大关系一样。但一般来说，一家企业的名字总是蕴含着企业文化和团队精神。正是这种脚踏实地的做事风格，正是团队“巴”在一起的凝聚力，正是互联网的“快”，让土巴兔超越全国大小1000多家装修网站，成为该领域的翘楚和王者。

那么，土巴兔究竟是一家怎样的公司，笔者不妨带大家一起剖析下其创业史和发展史。

初次创业的经验和教训

一家成功企业，其创业过程多少有些坎坷，土巴兔也不例外。在土巴兔成立之前，创始人王国彬就有三次创业历史。据王国彬告诉笔者，他第一次创业的时候是做培训学校，主要是培训设计师及程序员。“我最初创业是在读中学，那是差不多2000年的时候，因为接触计算机比较早，对计算机有着非常强的兴趣爱好，很多同学有不懂的计算机问题都会来请教我。所以我觉得这是一个机会。从那时候开始我就坚持一边读书，一边慢慢在外面办计算机的培训学校。”王国彬告诉笔者。

随着计算机培训学校的逐渐扩大，开设的专业也越来越多。王国彬发现自己所创办的这所学校，其最大的学生群体是室内设计师，这些学生的就业问题成为他创办装修公司的初衷。“这个学校搞了十多年，为了解决学生们的就业问题，自己又投资做了一个装修公司。”

直到2005年，王国彬来到了深圳，开办了一家互联网搜索引擎公司。这个项目做了两年多，虽取得了一定的收获，但最后还是失败了。王国彬告诉笔者，当时这个搜索引擎公司涵盖了机票、餐饮、3C产品、汽车、饮食，甚至连现在大众点评、豆瓣图书所做的事情都做了。“这次创业两年左右的时间，经历了蛮深刻的失败教训。我总结失败原因是，当时有点不太专注，同时做了很多事情，分散了注意力。”王国彬说。

总结前三次创业，可以看到王国彬在创办学校和装修公司时是成功的，而做搜索引擎是失败的。其中道理不言自明：前两次创业可能更专注于解决一个硬性的市场需求，而搜索引擎却因为做得太全，战线拉得太长，过度追求技术的完美，忽略了用户价值和商业价值。这让王国彬认识到，创业在开始的时候就要有其商业价值。“我认为创业开始后不久就要有收入，有收入就表明了对客户是有价值的，有人愿意付钱给你埋单。虽然开始收入不会多，但是它是有用户价值和商业价值的。因为有人愿意为你埋单，是商业成功的根本。”在总结自己前三次的创业经验和教训后，王国彬感慨地说。

最初的土巴兔，聚集设计师

上一次搜索引擎的创业失败，并没有浇灭王国彬的互联网创业热情，而是在反思原因和总结教训后重新出发。2008年，王国彬在想，接下来再创业的话一定要找准价值后再去考虑技术的完美，因为价值永远是超过表面技术的。“之后，我结合自己前后的创业经验，发现自己既了解装修，又懂互联网，所以就创建了现在的土巴兔装修网。”王国彬说。

那个时候还没有现在流行的O2O概念，那个时候太平洋对岸美国的Houzz也没有诞生，王国彬就已经开始构建土巴兔的商业模式。最初，土巴兔的商业模式主要聚焦在设计师上，是对设计师有帮助的。比如，一个用户通过土巴兔找到喜欢的装修图片，接着就会找到这个图片是哪个设计师设计的，用户实在喜欢就会付费；同样，设计师接单的话也比较方便，不用担心收不到款，因为有实力的设计师，他相信自己的用户是付得起这笔款的。“其实这跟现在美国的Houzz相似，我们最早做的也就是Houzz的模式。我们比Houzz还早，我们从2008年就开始采取这种模式了。”王国彬告诉笔者。

遗憾的是，土巴兔靠设计师这个模式并没有发展起来，土巴兔在这种模式下逐渐遇到了“中国式难题”。为什么一个风靡美国的商业模式，在我国就行不通呢？因为在我国，消费者普遍有免费获取产品和技术的心理，尤其是对文化产业，消费者普遍不愿意付费（这可以从我国工艺设计、音像、图书等盗版的猖獗看出来，也可以从360免费杀毒软件的崛起看出来），这或许是受制于我国目前还没有大量的中产阶级。“我们发现真正愿意付费给设计师的群体规模太小，这样很难支撑这种商业价值的实现。”王国彬说。

商业模式建立在商业价值之上

光靠设计师，在我国的消费结构和消费文化下，是撑不起来的，土巴兔在这上面遇到了发展瓶颈。所以，土巴兔开始从消费者的角度思考商业模式的突破和变革。我国主流的装修用户还是找装修公司，而不是直接找设计师。同样，很多装修公司也想找业主。

在家装三大分类中，家居、建材虽然也很乱，品牌集中度也很低，但毕竟还是靠产品说话。但装修行业更乱，没有太多的标准可言，消费者更是丈二和尚摸不着头脑。我们看到的是这个行业是非常不规范的，买方和卖方之间信息的不对称也非常严重。所以土巴兔意识到这种刚性需求。“由于双方都有刚性需求，土巴兔就利用互联网技术撮合他们。让装修公司为用户出一份报价、户型设计方案是举手之劳，这样一来业主得到了实惠，装修公司在帮助业主的过程中建立了这种信任感，从而获得了潜在订单的机会。”王国彬告诉笔者。

土巴兔的这一商业模式是超前的。因为目前来看，大部分装修公司是处于设计师和施工队之间的一个环节，虽然将装修公司理解为一个中介单位有点片面，但我们可以将装修公司看作是协调设计师和施工队之间关系的不可缺少的一个环节。因为设计师和施工队如果没能协调好，他们之间就容易互相推诿。“出了问题，设计说施工没到位，施工说设计有问题，我觉得装修公司是目前装修行业发展阶段中不可或缺的，所以就把装修公司整合进来。”

由信息平台过渡到交易平台

从2011年下半年开始，土巴兔就慢慢地变成了一个交易平台。因为只做信息平台，缺乏对行业的深耕，不能保证业主的利益。在装修过程中，经常遇到这样的问题，比如说很多装修公司在给业主做免费户型报价方案的时候态度很好，但真的签合同拿到钱了，可能就没有初始那种好的态度了。而且对装修而言，大多数业主根本就不懂，所以说做信息平台，只解决了用户找装修公司的痛点，而没有解决装修过程中的痛点。比如业主找一个装修公司，这个装修公司经营不善倒闭了怎么办？再有，装修公司的施工质量不规范，你说他有问题，他说他没有问题，这时候该怎么办？“所以，遇到这些情况，装修公司的施工质量没办法把关，而业主都不懂，为了解决这个问题，我们就想办法将土巴兔变成一个交易平台。”王国彬告诉笔者。

为了保证装修满意后付款，土巴兔建立了自己的监理团队，会对工地进行监督。目前土巴兔的监理团队一部分是自建，另一部分是和第三方合作。要知道监理团队的成本是非常高的，因为那么多业主同时施工，需要雇用很多的监理人员。所以这就要求土巴兔考虑作为家装行业内的O2O公司，未来可能更多的是考验整体的运营效率尤其是IP系统的各种运作效率。“我们派出去一个监理，会根据线下装修的地理位置，为他提供路线图。就是说不会让监理走重复的路线，这样我们一个监理就会在一天时间内同时监理几个装修工程，大大提高了效率，也节省了成本。”土巴兔用互联网思维解决了线下监理的成本难题。

土巴兔的流量奇迹

我们知道，现在无论是平台型电商还是垂直型电商，消费者流量是关键。有了流量就有了用户，而没有流量，一切等于零。但是当电商平台竞争到现在这种白热化的态势，很多平台的流量都是拿钱买出来的，一旦停了就很难有消费者，但土巴兔在这方面是个奇迹。据王国彬告诉笔者，土巴兔自有的付费流量只占到平台的5%，95%的流量都是用户自己来的。而且，土巴兔目前其移动流量占据了整个平台的40%，从这个意义上讲，土巴兔不仅是一家互联网公司，还是一家移动互联网公司。“在这样的用户量的基础上，我们不谦虚地说，该行业前十名的网站，后面全部加起来都不如土巴兔一家的多。”

能够做到这些，离不开土巴兔的核心资源。要知道能够在互联网时代生存、发展，需要将事情做到极致，而将事情做到极致，就需要高素质的人才队伍。据王国彬告诉笔者，土巴兔的人才结构是由互联网和传统相结合的，其中有一部分是自己开过装修公司甚至家具厂的，而另外一部分则是来自于腾讯的产品人才、百度的技术人才、阿里的运营人才。“因为土巴兔在行业内的排名处于领导者地位，很受求职者欢迎。所以，不管从最核心的资源C端还是从我们自己的团队来说，土巴兔是非常重视技术和产品的。”王国彬说。

未来家装电商的翘楚和王者

熟悉家装行业的人还知道，这个行业是一个产值非常大的行业，虽然是一个产值巨大的行业，由于其价值链庞杂，产品五花八门，产品和服务的标准化低，所以导致品牌集中度不高，通观装修、家居、建材这三大板块，少有超过30亿销售额的企业。这不仅无助于行业从整体上产业升级，也间接给消费者造成了消费的麻烦。我们看到，整个中国家装行业是混乱无序的、暴利的。通过互联网的思维和技术手段是否可以把该行业阳光化？是否可以缩短层层加码的供应链？土巴兔给了肯定的答案。

就像马云谈阿里巴巴所言，让天下没有难做的交易。但在家装电商行业不是那么简单，即便是马云，也难有所作为。

而土巴兔在家装这个难啃的骨头面前一直顺风顺水，也是因为其商业模式的获利能力能够快速变现，他也已经先后吸引了经纬创投和红杉资本两家重量级的投资公司进行投资。要知道，在目前的互联网大潮中，同样模式的企业有上千家，但能够获得投资公司青睐的凤毛麟角。“关键一点是，土巴兔是靠在整个交易过程的记录和数据的沉淀来建立口碑的。这个口碑不仅是我们的，也是装修公司的。”王国彬告诉笔者。

现在，是一个人人谈互联网的时代，是一个人人都在想怎么去对传统行业进行改造的时代。但对装修行业而言，不懂行的话想让传统行业蜕变是很难的，因为在互联网时代，有些角色可能要被剔除，但有些角色则不可替代，哪怕是阶段性的。对此，王国彬认为，如何让传统的装修公司不要去搞一些影响其真正业务水平的事情是非常重要的。装修公司要多花一点时间和精力放在提升工艺这方面，而不是花大量的时间去做销售。“未来如何让整个行业的效率更高，是一个过程，就像今天减少了过去很多不必要的流程，未来也是。”王国彬意味深长地对笔者说。

效率、口碑，这是这次采访过程中，王国彬对笔者说道最多的词，相比雷军的“专注、极致、口碑、快”，这也许是一种根据自身经验总结出的适合自己的概况。

在跟王国彬交流的过程中，土巴兔的未来变革远远不能用土巴兔的当下来描述。在笔者眼中，更看重的是一个32岁，却创业10年的创始人的淡定、冷静、清晰和雄心，在产业互联网大潮来临之际，土巴兔已经做到了行业电商企业流量领先，在经纬创投、红杉资本这些资本力量的支持下，再过3~5年之后呢？

（本文是2014年与王国彬交流后所写，
发表于微信公众号“家居电商研究联盟”）

丨服务平台

服务平台就是围绕某个服务环节，将全部分散资源聚合在一起，从而为其他企业主体提供专业化服务。这通常是干脏活儿累活儿的平台，是解决线上平台落地服务的。

比如做家具安装的时候，过去每一个品牌可能都有自己的安装服务队，要么是自己的人，要么是找第三方公司，这样就有机会形成专门的安装服务平台。如果说有这样一家服务公司，将全国负责安装的师傅都聚合在一起，在安装这一领域里进行更专业的管理和分工，就能形成安装服务平台，这些安装服务平台就可以替代原来公司需要做的安装服务功能，让安装变成更专业化的服务，为其他综合或者垂直电商交易平台提供落地服务。

再比如物流，物流是产品到用户不可缺少的一个环节，无论是传统企业还是电商平台企业都不可逾越，所以也就出现了将物流整合在一起的平台。比如海尔的日日顺，就整合了全国做大件运输的货运车辆车主，让这些司机带车加盟，从而形成他们称之为“车小微”的创业模式。利用这一平台，日日顺可以承接全国的大件商品货运干线及最后一公里物流服务，现在更延伸到家居产品安装服务。

当然这些平台也在不断演变，我们看到很多综合平台正不断向各个细分领域深化扩展。比如天猫，天猫过去在每一个细分的频道里面曾经是简单的交易关系，随着发展的深入，很多细分的领域开始精耕细作，比如天猫家装馆。也有一部分原本是垂直平台，现在开始向综合平台迈进，比如京东当年只卖3C产品，慢慢地演变成今天的全品类，基本上消费者想要购买的产品，在京东都能够买到。还有原来的当当网只是卖书，现在也在开展诸如服装、食品等多品类的延伸，还有像苏宁易购、国美在线，也都在做这种延伸。大体趋势是综合平台会朝纵深发展，专业平台会向综合平台发展。

| 平台模式不是一成不变的

在现在的产业互联网狂潮下，平台模式是很多企业梦寐以求的商业模式，因为平台模式占据了现阶段商业发展的制高点，很多企业利用平台模式获得了巨大的成功。但不能说所有的平台模式都是成功的，在成功的背后我们更应该看到大量大小平台的倒闭。在今天部分行业的细分领域，也有很多平台生存发展得好像还不错，但我们也应该看到，随着整个产业互联网化的速度越来越快，很多细分领域的平台将会被实力强大的综合平台吞噬掉，而实力强大的平台也并非没有危机，在这个万众创新的年代，大的平台很有可能被突如其来的颠覆性创新所解构掉。这在未来都是有可能发生的，所以平台模式不是一成不变的，要想在未来生存发展，得紧随产业变化趋势，洞悉行业竞争格局，做好产业布局。

第三节　企业生态模式

丨传统企业的生态构成

企业生态模式与第三方平台不同。前面所提到的平台，无论是综合性平台、垂直型平台，还是某些细分行业的服务性平台，都是基于撮合双方或多方以上的资源链接，都是基于需求和被需求所开发的平台，这几类平台都是以信息、交易连接双方或多方，这也是这类平台的核心价值。我这里提出的企业生态模式，则是以一个企业为核心，甚至说是以该企业品牌为核心，形成众多相互依赖或者相互补充的各种类型企业组成的企业生命综合体，形成类似自然界一个小的生态圈的商业模式。

只要观察现在的企业，就会发现现实中有很多企业都具备自己的生态链。企业扩张通常有两种模式。

一种是产业链的上下游整合，一些规模比较大的企业，为了使上下游更紧密地衔接在一起，经常采取这种方式。比如很多大型企业对上游供应商采用控股的方式来决定其生产、运营，以便使其大力配合企业自身的采购需求。还有就是往下游整合，通常是将渠道代理商纳入其体系，采用运营公司等方式将其捆绑到旗下，以便获得对渠道的绝对控制权和快速反应。对前者，我们所熟悉的富士康就是向上游整合的代表，富士康是一个以代工闻名的 IT 制造企业。在富士康巨大的产能背后，是大量的零配件供应商，所以富士康到哪儿投资，相关的零配件供应商基本上也会尾随而至，以便更好地配合富士康的生产。我们可以清楚地看到，众多零配件供应商像众星拱月一样围绕其形成一个 IT 产品的制造平台。当然，这里面也存在显而易见的风险，就是一旦作为中心的富士康出现产能下滑，围绕其生产的众多上游供应商也将不可避免地出现经营风险。

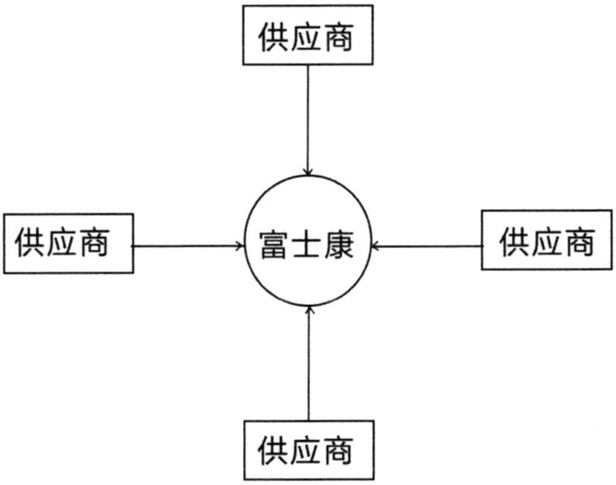

图 3-4　富士康，整合上游供应商的模式

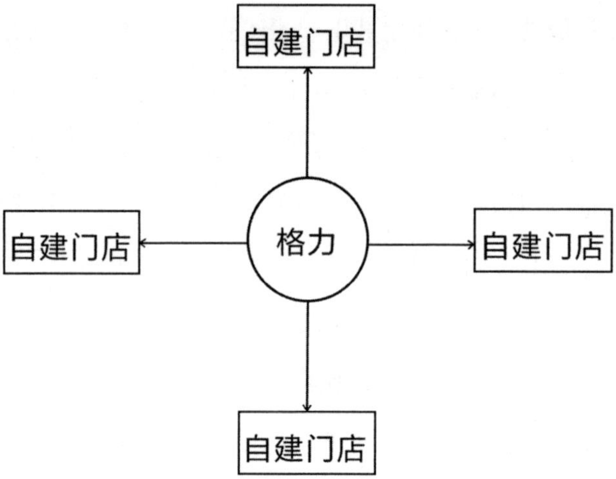

图 3-5　格力，整合下游渠道经销商，自建门店

还有一种扩张模式是渠道整合模式，这个模式大家可能不太注意，在此举一个家电行业的例子来说明。在过去十多年中，家电领域的竞争可以用白热化形容，这导致几家处于市场垄断地位的渠道商话语权非常大，以国美和苏宁为代表，它们通常会以更低的价格要求与家电品牌企业谈判，以便获得比对手更强的价格竞争优势。很多大型的家电企业为了避免渠道商杀价造成的利润损失，或者说为了将渠道控制在自己手中，就希望能够建立自己的独立渠道，它们大多采取自建专卖店的形式，但很多品牌企业经过一番尝试后发现无法持续经营下去，盈亏状况还不如与这些卖场合作。当年的海尔、长虹等都尝试过建设自己的独立渠道，后来发现基本上不具备形成独立渠道的能力。在这些家电企业中，只有格力一家完成了这样一个战略布局并且取得了成功。格力的策

略是在各个地方设置分公司，分公司由格力和各个地方的代理商共同出资建立，格力控股或者起码是占据大股东这样一个角色。这样一来，各大分公司，必须绝对服从于格力的渠道管理体系。格力通过向下游渠道的强力控制和渗透，形成了自己独特的渠道体系，在目前也是唯一一家能够完全独立于原来的国美、苏宁这些大型连锁卖场的家电品牌企业。也正因对渠道的掌握，格力在空调这一单品市场上成为过千亿元的家电企业。所以对格力来讲，其实是形成了以格力为核心，下游渠道围绕其运转的生态业务模式。

无论是富士康还是格力，他们都称得上传统企业生态化运转的典范，其实对它们而言，所谓的生态化运作就是采取一定的方式，将对自身形成明显掣肘的上下游纳入自己的体系，从而形成合力，增强自身的竞争力。

“互联网+”下的生态企业综合体

在今天产业互联网化深入发展的情况下，企业的平台化运转也发生了深刻的变化，最明显的就是整个传统行业受到了电商平台的冲击，在这种情况下，对于那些过千亿元的巨型品牌企业而言，就必须寻找适应互联网时代企业竞争规则的发展模式。

在前面分析产业互联网下超级分工时，我曾以小米作为案例来讲，对小米来说，其品牌运营模式和耐克等只做品牌运营的公司有什么差异呢？其实小米除了做手机这一核心产品外，更大的布局是在智能终端，先将手机这一单品做大做强，再利用这一终端拓展其他智能终端。在未来，智能终端不仅仅是个手机，手机会成为对很多智能家居的遥控设备。所以，在整个战略的布局中，我们可以看到，小米是以智能手机为核心，将手机打造成智能终端的控制中心，同时运用自身控股的顺为资本，或小米自有的投资资金来投资周边相关产业。比如小米在家装上投资爱空间，与家电巨头美的联姻，都是为未来智能家居领域布局。虽然这种投资和合作不追求控股，但也起到了连接的作用，未来创业公司和战略合作伙伴成功后，其资源可以为我所用。

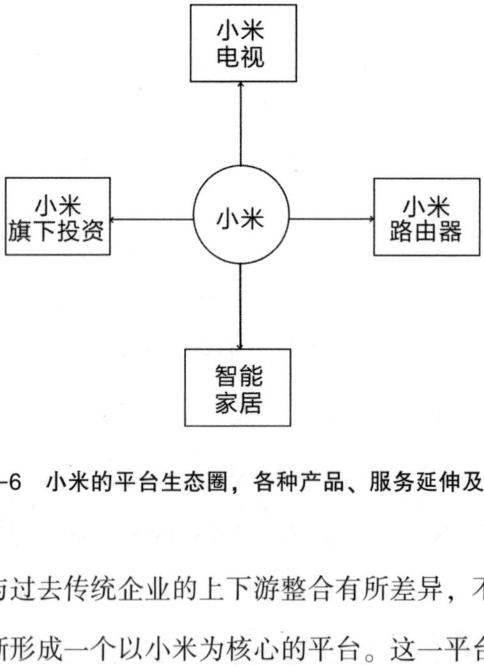

图 3-6　小米的平台生态圈，各种产品、服务延伸及投资

这种布局与过去传统企业的上下游整合有所差异，不再追求上下游控股，而是逐渐形成一个以小米为核心的平台。这一平台之所以能整合起来，其核心还是雷军提出的互联网思维，小米用互联网思维来连接相应的供应方和相关的利益方，以小米手机作为核心的产品，将这一产品做到极致，同时打造其他一些连接设备，比如小米路由器、小米电视等

智能终端。所以，我们今天看小米的布局，不仅是看小米手机这一款产品，而是要看雷军以互联网思维整合上下游相应的资源，用资本方式来投资创新企业所形成的生态格局。今天的小米已经不是一个手机品牌，而是一个以小米手机为核心的生态综合体。

[案例]　宜华木业 Y+生态系统

2015 年 8 月 19 日，宜华木业召开第五届董事会第十三次会议，审议通过关于“投资 Meilele Inc（美乐乐）18.21%股权”、“拟投资北京投融有道科技有限公司 25%股权”以及“拟在香港投资设立全资子公司”等三项议案，全力推动生态融合。

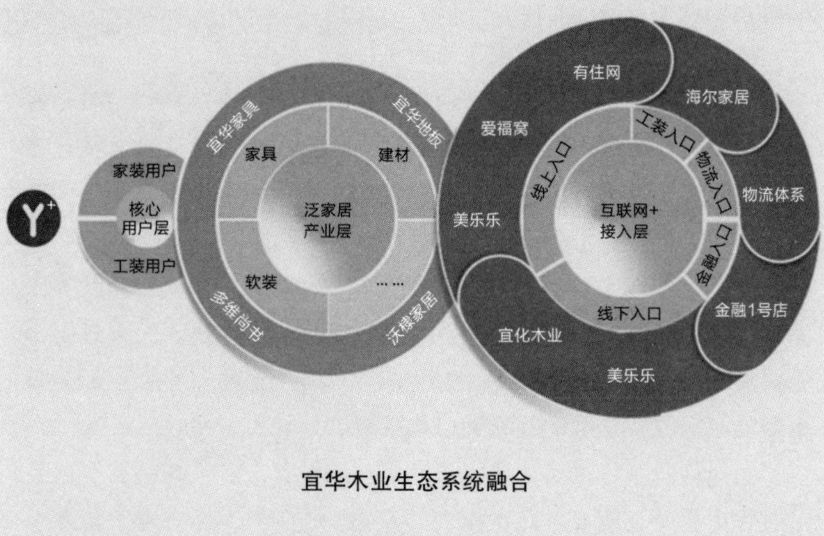

宜华木业生态系统融合

联姻美乐乐，加码 O2O

本次决议，宜华木业通过股份转让及增资方式，持有美乐乐约

1300 万股股份，约占其已发行全部股份的 18.21%，成为其第一大股东，该项目投资总额约为 8402 万美元。

在 2014 年 3 月，宜华木业已与美乐乐在渠道拓展、营销活动等方面开始建立合作，通过本次“联姻”，双方将更深度整合提升资源优势，利用大数据、云技术、移动应用、消费金融、物流配送等先进手段创新家居 O2O 运营模式。

据介绍，双方将依托宜华木业实体渠道资源和“美乐乐家居网”的流量优势，对宜华木业线下大型家居体验馆实体店进行互联网化改造，共同打造 O2O 泛家居线下开放平台店，吸纳第三方品牌入驻，塑造泛家居电商新业态。因此，宜华木业拥有的面积约 10 万平方米的自有实体商业物业渠道资源，将获得价值重估。宜华木业还将利用金融一号店平台和美乐乐共同开展供应链金融与消费金融等增值服务业务。此外，双方还将合作建设泛家居供应链智能服务平台项目。

投资金融一号店，布局占先机

北京投融有道科技有限公司是互联网金融服务平台“金融一号店（jr1.cn）”的独资运营商。宜华木业拟通过增资及股份转让方式，持有北京投融有道科技有限公司 25%的股份，成为其第一大股东，该项目投资总额为不超过人民币 5100 万元。

“金融一号店”为广大用户提供了包括理财、贷款、保险等一系列金融产品和服务，陆续推出了 PP 宝、MM 计划、天天理财等独具特色的互联网理财产品。2015 年 4 月，“金融一号店”成为首家登陆京东股权众筹的互联网金融平台。

家居行业基于真实消费场景、信息流、资金流，在消费金融发展过程中将受益明显。此次投资“金融一号店”，标志着宜华木业将正式切入消费金融领域，同时更是完善“互联网+泛家居”生态系统金融闭环的关键一步。宜华木业拟通过布局消费金融领域，以系统的合力打通、优化上下游产业链，重塑产业结构，同时，借助该互联网金融服务平台，为生态系统内上下游产业链及消费者提供延伸金融服务，以金融黏性吸附上下游更多优质的产业发挥优势效用，挖掘更庞大、长尾的互联网人群，尤其是向80后、90后消费主力及新蓝领、中低收入等多层面人群精准延伸，有效实现“连接人和服务”，进一步刺激、扩大消费，助力国内销售快速增长，有效提升整个生态系统的商业价值。

设港子公司，加速国际化

作为国际大都会，香港具有无比优越的营商环境优势。此次宜华木业计划在香港投资设立全资子公司“理想家居国际有限公司”（暂定名），将主要进行对外投资、国际市场合作开发以及进出口贸易等业务，有助于促进公司与国际市场的交流与合作，及时获取国际市场最新消息，加快公司的国际化发展进程。同时，有利于公司更好地利用香港国际贸易优势及在税收、融资和汇率等方面政策优势，进一步拓展新兴市场的采购及销售渠道，拓宽融资渠道，提高公司盈利能力。

构建生态系统，引领行业变革

近年来，宜华木业积极推动企业转型变革，率先掀起泛家居产业整合，加速推进“互联网+泛家居”一体化战略布局，秉承开放、相生和共荣的循环理念，已构建起一个具有鲜明泛家居特色的“Y+生态系统”，整合“四向”优势资源，联结“三大”平台，实现“人和服务”的有效连接。

通过“四向”优势资源整合，宜华木业向产业上下游纵向延伸，形成“造林—伐植—加工—研发—生产—销售”的全产业链一体化；在横向上整合各战略合作伙伴在建材、家具、软装，以及家居用品等泛家居领域相关类别的优势，实现业务叠加、优势互补；从前向消费端建立入口，整合销售、设计、施工环节，布局O2O、大数据，构建线上+线下、家装+工装的全渠道体系，扩大市场覆盖面；布局互联网金融+物流服务，加速后向资源支持向消费

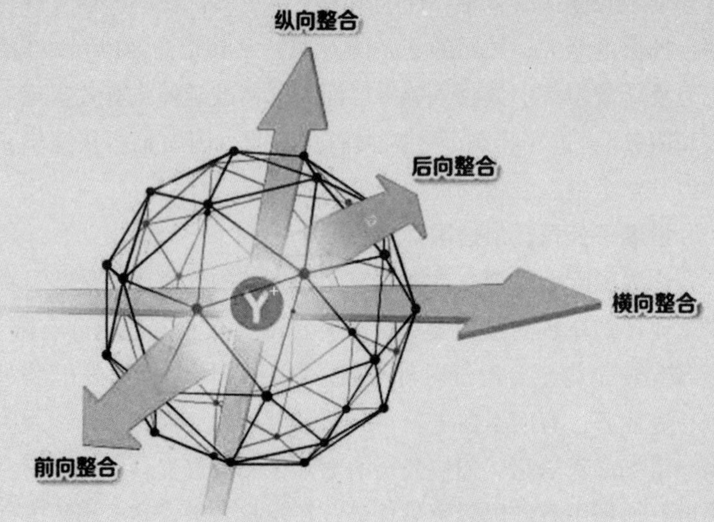

宜华木业的“四向”资源整合

流的转化，有效提高各合作伙伴的投资、经营效益。

作为“Y+生态系统”的构建者和运营者，宜华木业以资本为纽带，把产业链升级转化为生态体系，使生态交互形成巨大的协同效应。在平台联结上，通过“互联网+”，吸纳有利资源，已形成拥有美乐乐、爱福窝、有住网等庞大用户群的“线上入口”，宜华木业和美乐乐线下实体门店的“线下入口”，海尔家居的“工装入口”，金融一号店的“金融入口”以及物流体系的“物流入口”等五大入口组成的接入层，能快速提供在线家装设计、装修方案、家具配饰以及消费贷款等一条龙服务；联手日日顺打造沃棣家居订制平台，入股国内变形家具第一品牌多维尚书家居，形成产业层，突出产业和消费导向功能，丰富产业链条，为消费者提供泛家居一体化的家居产品和服务；通过“接入层”的接入、“产业层”的导向，沉淀累积为用户层，通过用户体验生成大数据，以打通全产业生态链提供增值服务，推动服务延伸、变革，创造新的盈利模式。

围绕“互联网+”，宜华木业明晰产业布局，聚焦生态系统建设，将生态系统拓展到更广泛的领域，优化产业现状，引领行业变革。宜华木业已实现从“产业链一体化”升级为“Y+生态系统”，通过“连接”推动“融合”产生“聚变”，与合作伙伴一起携手领跑泛家居产业，以实现从百亿元到千亿元的产业跃升。

（来源宜华木业官网）

| 海尔的内部生态和外部生态

海尔 CEO 张瑞敏很早就意识到传统企业向互联网转型已经成为必然，所以早在 2005 年他就提出了“人单合一”的发展战略。在产业互联网发展如火如荼的今天，张瑞敏更是提出了人人都是创客的模式，海尔只为员工提供公共平台和公共资源，彻底将过去的科层制打碎，让员工按照自己的意愿和兴趣选择自己所擅长的项目。海尔发起以项目为核心所聚合起来的自主经营体，这种自主经营体可以是项目组也可以是独立的子公司，但要求会计独立核算，也即自负盈亏。这样一来，这些项目组或子公司不仅可以在海尔这一平台上获得廉价的公共资源，而且能够最大化地激活自己的创造欲望。所以现在的海尔对内来说已经是个生态型公司，很多项目寄生于自己的大平台上，比如最近孵化的海尔净水项目（据说目前已经估值数亿元）、海尔有住网，都是这个生态产生的新项目。因为对海尔这一有着数万多员工的传统企业而言，要彻底掉头会很困难，所以海尔就利用过去在公共资源上积累的优势，将内部打碎分解，再进行集中化的管理和控制。就像政府为居民和企业提供水、电这种公共设施一样，海尔所提供的这些公共服务对内部的自主经营体而言也相当于水电。

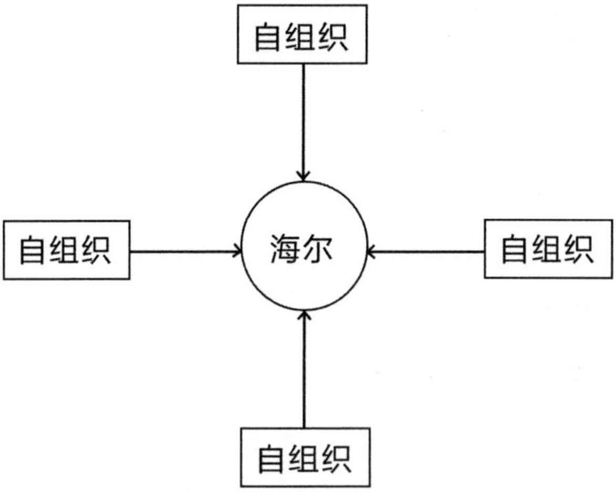

图 3-7　海尔对内生态模式，成立自组织

海尔除了对内是生态模式之外，对外也在努力打造生态系统。比如上节提到的海尔旗下的日日顺，就是独立于现有海尔电器的一个对外平台。日日顺利用海尔庞大的消费需求所形成的物流体系，联合各个地方分散物流公司和货运司机，从而形成了一个大件物品运输的物流平台，通过这个物流平台连接了用户和上游厂商。所以，对海尔本身来讲，不仅对内是生态型企业，对外则成为更大的生态型企业。

| 资本与价值链接

毫无疑问，生态型企业是品牌企业经营方式的大升级，是企业更高阶段的发展，在局部生态中，主导企业无疑是生态系统的制高点。目前来看，具备这样模式的企业还不是很多，这是因为要成为这样的生态型企业，需要具备三大前提条件：

首先，要有生态型企业的战略思考高度。这一点与最高决策者有关，海尔之所以能建立这样的生态模式，与张瑞敏 10 年前就开始做生态布局相关。宜华木业之所以今天打造 Y+生态企业，与宜华木业决策者的战略思考高度有关。

其次，要有足够的体量。足够的体量意味着在相对生态系统中，有构成生态系统的核心企业存在，这个核心能起到连接生态系统其他企业的要素连接作用，这对稳定的生态系统非常重要。

再次，产业一般具有相关性。生态型企业用资本方式投资建立生态系统，一般不追求控股地位，而追求相对大股东关系，核心是要建立相关关系，建立生态系统里企业价值链的互相补充，从而降低生态系统里主体企业的风险。

最后，生态系统的实质连接是资本，是生态系统的法律保障，如果没有这一关键连接，生态便不复存在。所以建立生态系统的企业，必须具备充足的资本。

对于传统企业而言，建立生态系统不啻为一种变革便捷通道，大型企业利用资本的方式实现渐进变革，打造了新时代的防火墙，小企业建立独特价值，并联进大企业的生态系统里，同样增强了安全保障。

第四节 品牌生存模式

| O2O 不应该是独立的商业模式

大小品牌企业是产业生态中数量最多的品类之一，除了部分纯品牌运作外，更多是生产类品牌企业，这类企业是这轮产业互联网变革的核心，它们变革成功了，意味着中国产业互联网化基本完成。

产业互联网变革，除了要遵循互联网的基本规律外，不同细分行业、大件与小件、订制与标品、快消与耐用品等，其变革方式、难度都会有所不同。本节特地选择了体量巨大、企业数量众多的家居建材行业，作为分析品牌变革的标杆案例行业。该行业最大的难点是多为大件、价格高、订制品多、低频、重体验等，所以如何实现线上线下的融合与协同是实现该行业互联网化的关键所在，也就是大家熟知并在实践的 O2O 模式。本书没有单独讨论 O2O 模式，在本书的构架下，O2O 是我分析的基本商业模式下的小模式，或者说是互联网时代语境下的一种实践方法，作为一种方法，O2O 的实践离不开网络基础设施，所以不应该是一种独立的存在。我在实际调研过程中，发现一些企业比较拘泥于 O2O 教科书般的说法，没有结合自身实践，容易导致失败。家居产业的变革在本轮产业互联网变革中极具代表性，对其他行业而言，行业虽异，但变革的道理相同，仍然是可以借鉴的。

| 上线是必需的

传统家居企业要成功实践 O2O 模式，关键在线上。核心问题是，如何上线。纵观传统家居品牌行业，鲜有成功上线者。

难道在天猫上活跃的知名家居企业不是在线上吗？在天猫平台上，它们不仅有影响，也有不俗的销量。但依我看来，这个虽算电商，却还不算O2O模式的线上，因为这个线上和线下基本是割裂的，企业一般把天猫平台当成一个渠道，这个渠道就跟多进一家卖场没有太大差异，是企业希望实现增量的平台，也当成清理库存的重要通道，还是一个重要的营销平台，整个产业基本如此看待天猫。

如果只是这样，家居产业的电商化就是用高速路跑现代马车，无疑成本高、效果差，这就是为什么现在众多家居企业做电商，鲜有盈利者。看来，线下家居企业要实现O2O，首先要重新认识电商，认清线上的本质到底是什么，最终实现线上线下协同融合，企业不再讨论O2O，不再讨论电商，因为企业已经全部互联网化，剩下的仅是企业如何带给消费者更高效率和更方便的用户体验。

| 线下竞争力是传统家居企业O2O的基石

著名历史学家阿诺德·汤因比在其鸿篇巨制《历史研究》中不断强调挑战和应对的相互作用。一个文明，如果在挑战面前不能有效应对，面临的将是文明的衰落，而如果能够有效应对，其文明将上升到更高一个层次。一个文明如此，一个国家如此，一个企业也是如此。今天传统品牌企业面临前所未有的挑战，这个挑战来自互联网时代的挑战，能否有效应对这一挑战，决定了企业未来是衰落还是上升。

在《历史研究》中，汤因比还强调，要使挑战能激起成功的应战，挑战必须适度，挑战超出了应战的能力，也会被压垮。这条准则放在企业身上也是成立的，一个企业能否应对挑战，还受其自身能力的限制，如果对自身能力没有清晰的预判而挑战超过能力的事，也会招致失败。

就企业而言，未来的战略规划一定是和其能力匹配的，这种能力不仅是现在的能力，也指未来的能力。人们总是高估现在的能力，低估未来的能力。如果做O2O是企业未来的一个战略选择，那么也一定要对自身能力有所了解再去选择，同时基于未来能力的判断去做挑战。自身能力源于什么地方呢？源于未来战略选择上对自身优势的清醒认识。

相对于纯电商企业，传统家居品牌企业在电商时代具备什么优势呢？优势是变革的基础。

如果要做O2O模式，少不了线下的O，线下的O就是企业的渠道资产，实践O2O少不了的体验终端和成交终端。而这些终端，少则数百，多则数千，是很多品牌企业耗时数年甚至几十年时间，花费数千万元、几亿元甚至几十亿元资本完成的。这些终端背后的服务体系和经营者对当地市场的理解，是线上企业根本无法替代，短时间内无法建成的。

这样看来，竞争形势应该骤然明朗。

丨不是线上线下的竞争，而仍然是品牌企业间的竞争

品牌家居企业的竞争不是品牌跟渠道电商企业的竞争，仍然是品牌与品牌的竞争，不管这些品牌是线上品牌还是线下品牌，但更主要的还是线下品牌。原来所谓的电商，更多是品牌企业的电商部门所开展的电

子商务销售。当然，渠道和品牌之间虽然不是竞争，但不等于没有矛盾，那是另外一个话题。因此，家居企业的电商恐慌完全没有必要，原来的电商恐慌完全是杯弓蛇影，自己吓唬自己，是类似天猫这样的电商平台的恐吓式营销所致。

最近几年，家居厂商都感觉生意难做了，很多工厂破产，家居卖场关门，代理商转行，很多人把这个情况归结于电商的侵蚀和竞争，好像传统行业不行了，都拜电商所赐。是这样的吗？其实，这个情况跟电商没有太大关系。我们不妨大胆做一个假设，如果没有电子商务，没有互联网，今天的生意好做吗？我相信没有人会说好做。生意好不好做跟很多因素相关，其中重要的两种分别是供给和需求，也就是市场容量够不够大，竞争够不够激烈。市场容量大，消费需求就大，企业发展的空间就大。但光是市场容量的大小决定不了竞争的激烈程度，还得考虑参与竞争的企业数量的多少。这就好比有万亩鱼塘，放的鱼苗只有 1000 尾。对于万亩鱼塘而言，这是市场空间，很大，对于 1000 尾鱼苗而言，要在万亩鱼塘生存，市场空间大，但竞争并不是很大，每一条鱼都将会过得很舒服，可能每一条鱼都能长得比较大。但如果放上 100 万尾鱼苗，万亩鱼塘是有限的，100 万条鱼生存起来就很困难了。这是鱼群的总体生存状况，具体到每一条鱼，由于鱼的体质不同、聪明程度不同、品种不同，加之鱼塘不同位置的生态还有差异，导致了每一条鱼的生存状态还会有所不同。

在今天的家居产业市场，何尝不是这种情况呢？消费需求是有限的，经过多年的高速增长，市场增幅已经大幅回落。而参与竞争的企业实在太多，光是家具企业，全国都有大大小小数万家，竞争的惨烈程度自然可以想象。所以今天生意难做，主要是市场需求的疲软和产能过剩后竞争加剧的结果。

既然如此，企业为什么还要尝试O2O电商，实现互联网化？做好线下不就好了吗？

关联的问题是，为什么在同样的情况下，每家企业的生存状况差异颇大，有的逆势增长，有的跌入地狱？

一旦思考清楚了今天实体品牌企业生意难做的主要原因，我们就能找准企业竞争的方向所在。如果我们找到了互联网、电子商务的本质，面对互联网化，面对电子商务来袭时就可以很淡定，可以思考清楚互联网，思考清楚O2O对企业意味着什么，知道如何利用互联网改造企业，提升竞争力，在残酷竞争中脱颖而出。

获胜的密码就是在有限的市场容量中，找到如何利用互联网提升企业竞争力，获得更多的市场份额的方法，这是在不违背市场规则的情况下实施丛林法则。

| 互联网化后的产品、品牌与用户体验

我们先来看企业自身，也可以认为是线下。我想主要从三个方面来分析：产品、品牌与用户体验。

在电商刚刚兴起和发展的时候，正是大量所谓的"屌丝群体"支撑了互联网电商经济。我们可以问问身边的同事、朋友或家人，为什么会选择在电商购物，他们的第一回答肯定是"网上便宜呗"。但是今天，

当年的屌丝群体已经慢慢变得高大上了，除了对个性化的追求，产品的品质、品牌、体验等要素在购买决策中变得越来越重要。电商流量费越来越贵，一位曾经在平台电商从业的朋友透露，有的企业产品流量费已经占到了产品售价的60%，连线下商场场租也没这么贵啊。所以未来产品的价格，不是线上比线下便宜，起码是一体同价，也有部分商家网上还标得贵一些，线下经过讨价还价，还可能比线上便宜呢。

一旦企业适应了电商当初狂飙突进的状态，就会发现，传统的企业品牌依然是有力量的，甚至比过去的品牌影响还强，在信息无限丰富、选择困难的时代，品牌产品依然是可靠的保证。前不久，《纽约客》有篇文章引起了营销界的热烈讨论，题目是《品牌忠诚度已死》，阐述在电商时代背景下，消费者都是靠对产品的大众评价去选择产品，所以在电商时代品牌对于消费者的影响将越来越弱。由此该作者推导出一个著名的观点：品牌无用论。然而这位作者忽视了品牌的另一层含义，品牌除了像诺贝尔奖得主、著名经济学家科斯所讲的，具有降低企业交易成本的价值外，还有一个非常重要的价值，就是“消费者偏爱”。因为对历史悠久的品牌企业来讲，产品会更加注重追求品质与完美。

改革开放后，经济快速发展，前半段时间，产品只要生产出来，只要打广告，就能达到扩大销量的目的。很多企业在打造品牌，但其品牌却脱离了产品品质的支撑。如今互联网的发展让信息更加透明，“产品为王”的时代正在逐渐回归，那些高品质的产品正在获得更多的青睐，比如格力的空调，顾家的家居，惠达的卫浴等等。过去具备产品优势、品牌优势的企业，经过变革，在互联网时代仍旧可以延续价值。

除了产品和品牌的优势外，用户购买家居产品需要进行线下体验，传统品牌家居企业花钱花时间建立的成百上千的终端就变得非常重要了，还有长期以来建立的安装、售后服务，都是线上企业短期内难以取代的。所以，传统品牌企业在未来实践 O2O 模式，最终完成企业互联网化的过程中，并非互联网企业认为的一无是处，而是有非常重要的价值。

传统品牌家居企业的这些重要价值，当然不是指在前互联网时代的产品、品牌以及渠道价值，而是必须以互联网为基础进行变革，将整个企业融入到互联网中，用互联网的思维、工具来改造传统品牌企业，提升在互联网时代的品牌价值、产品价值，以及优化体验中心。

由于品牌家居企业的核心都是在线下，资产很重，而行业的发展又证实了线下具有重要价值，这应该给予传统品牌家居企业的互联网变革信心。如果你是卖品牌，就不要羡慕纯线上那些卖伪劣家居产品的。退潮之后，才知道谁在裸泳。

在行业众多企业愁云惨雾时，一些企业如索菲亚的销售额仍然能大幅增长，在报道的原因中，有订单增加、客单价增加、品类增加。在线下渠道体系的建设上，索菲亚采取了一个城市一个经销商的扁平化模式发展。线上电商的意图，是缩短中间环节，如果品牌企业在线下也采取诸如索菲亚的扁平化方式，效率一样可以提升。一些大的代理商如京、津、沪代理商甚至也开设了自己的区域化线上平台，但据我打开网页观察，这个线上平台就是一个流量导入平台，是一个信息平台，成交都是在线下，这为很多传统品牌家居企业电商化提供了重要参考。

因为目前家居企业的主流竞争仍然是传统品牌企业之间的竞争，每一家企业如何利用互联网提升企业整体效率，特别是优先提升线下资产运营的效率，将会是取胜的关键。在市场红海大战中，将会有部分企业加速发展，部分企业被淘汰出局。

| 大企业如何实现 O2O 进化

O2O 模式的出现，已经说明线下和线上在未来不是“有我无你”的关系，而是“共荣共生”的关系。对于传统的线下巨头来说，这场产业互联网化竞争的胜负将决定其在未来是否还有一席之地。

那么，对于传统的大型品牌家居企业，未来如何走好其 O2O 电商之路呢？

大企业完成互联网进化，首先就是要利用好现有的大型电商平台。O2O 模式固然很好，但是对很多大型企业而言，还没有完全做好准备进入 O2O 模式，一是终端没有互联网化，二是线上进入的都是第三方平台，无法与线下进行融合。

如何利用第三方电商平台，要基于企业未来发展的考虑，不能把它当成一个销售渠道，而是要当成与线下渠道互动的线上平台来思考，最终实现企业的 O2O 电商化目标。根据这一思考，选择合适的第三方电商平台，未必全选。因为目前公共电商平台不止一家，相互之间会形成惨烈的竞争态势。它们为了各自的利益，会形成产品品类上的纠葛，不利于与企业的线下互动。

渠道不同，各自优势也会不一样，所以企业要利用这些公共平台的销售功能，在渠道上进行区隔。因为这些网络电商平台相互之间存在激烈的竞争，如果同样的产品在不同的渠道进行分发，就会面临某个渠道进行网络促销，引发其他渠道同步进行价格战，导致线上的增长以线下的减量为代价。这不是做电商的目的，而价格战最终受伤害的总是品牌企业。

所以，面对众多的网络渠道，企业首先要学会利用各自的平台优势。那么如何利用呢？比如，企业可以采取对不同渠道进行不同产品订制的策略。比如对于京东和天猫，可以采取供应不同产品的方式，这样渠道之间的产品不会重叠，相互之间的竞争损伤也就不会波及企业的产品策略，反而还可能产生叠加效应。

其次，是利用公共电商平台，对线上、线下产品进行区隔。通常来讲，大型品牌企业的渠道策略里不仅有京东、天猫这些线上平台，同时还有苏宁、国美、红星美凯龙、居然之家等这些大型线下卖场。企业在进行渠道调整的时候肯定不能损害线下卖场的利益，因为一旦损伤，卖场也会抵制企业，最后企业只能是得不偿失。所以，运用一定策略对线上线下产品进行渠道区隔就显得尤为重要。

事实上，一些大型企业通常也会自建部分渠道，像美的、格力，大部分采取的就是自建专卖店，与国美、苏宁进行策略分割。而现在增加了网络渠道这一块，企业就要在之前的考虑之外，进一步思考如何进行网络渠道产品与线下渠道产品在企业实现 O2O 之前的区隔，只有很好地做到这一点，才能避免出现线上线下左右手互搏的问题，也才能最终规避整个渠道产品价格混乱以致伤及厂商。

最后，是进行渠道订制。对大型企业而言，产品线往往都很丰富。所以不管是针对大卖场还是针对网络渠道，双方都希望通过合作获得更高的利润空间。从本质上来讲，价格战并不是企业的最终目的。价格战的真实意图是希望通过让利消费者的方式，来扩大市场份额和自己的影响力。但实际上价格战往往是“杀敌一千，自损八百”，所以从根本上讲企业并不愿意参与价格战。但问题是，当前大家为了扩大自己的市场份额，都不可避免地在采取价格战的策略。那么对于品牌企业而言，为规避渠道之间的价格战，不妨考虑进行产品订制这种方式。

| 大企业要建立自有电商平台，实现 O2O 模式

为什么说对大企业而言要建立自有电商平台？首先从战略安全角度来讲，企业需要建立自有电商平台。我们知道，在商务谈判中，谁掌握的筹码越多，谁获得的谈判优势就越强。对大企业而言，要想在企业的电商化过程中获得足够多的筹码，建立自有电商平台必然是策略之一。在整个产业链现有的利益格局中，品牌企业与传统渠道商、大型公共电商平台之间既存在共同的利益关系，又相互冲突，因为每个环节都希望自己的利益最大化。那么对于企业的发展而言，如何在保证安全的情况下让自己的利益最大化就成为企业需要认真考虑的问题。

这三者存在什么样的关系呢，我们不妨做一些思考。

就像前面所说，传统的品牌企业，其优势在于产品和品牌，但在互联网时代，渠道已经发生了重大变革，对企业也形成了逆向推动，未来的产品和品牌要更多依据洞察消费者的需求来打造，这就需要自己的平

台来洞察消费者。我们知道，现在的主力消费群体是80后、90后，这部分消费者已经习惯于网络比价或者购物。但是目前的电商平台和卖场，并没有将消费者数据对企业开放。未来真正进入到C2B商业格局的时候，如果企业没有大数据的基础来获得消费者的数据，企业将会丧失在O2O模式下以消费者为中心的产业互联网先机。因为企业不知道，未来消费者的需求在哪里，产品开发的依据是什么。

以红星美凯龙和居然之家为代表的卖场渠道，其盈利方式是场租及销售扣点，卖场本质上是一种商业地产行为，只要入驻商户的盈利水平能够承担起租金，卖场在某种程度上就是成功的；而天猫、京东这样的电商平台，其经营方式从本质上来讲跟传统的卖场没有区别，只不过是将实体的租金转化为网上入驻品牌的销售扣点，同时还赚取大量的网上推广费用。电商平台和线下卖场平台本质上又是激烈的竞争关系，企业只有建立自己的O2O电商平台，才能够有效地平衡自有渠道和其他渠道之间的关系，也有利于自身的战略安全。因为未来将不会是某家电商平台一家独霸天下，在现有的公共电商平台之外，部分巨型企业也能有机会做成自己的电商平台。

| 巨型企业可以利用自建电商平台，保留未来成为平台型企业的机会

就目前来看，部分超大型企业是有机会成为平台型企业的，因为在以前，很多制造型企业都是以自己的产品形成封闭式的链条。但是未来通过企业建立自有电商平台，最终能让这一平台成为一个综合性的大平

台，不仅卖自家的产品，还会卖其他类型的产品，最终成为一个平台型企业。以家电行业为例，家电行业相比家居行业是个更成熟的行业，其品牌格局基本形成，是几大品牌巨头在进行竞争，我们耳熟能详的有格力、美的、海尔、创维等。这些大型家电企业以及像家具行业的全友、顾家等，都有庞大的线下渠道网络，在线下能够为消费者提供非常完善的服务。因此，这类大型品牌巨头基本具备了整合线下渠道服务商、物流商、建立自有服务平台的条件。当企业的电商平台能够与线下物流平台和厂家的产品平台进行完全融合形成闭环的时候，其行业地位便大大增强。

I O2O 模式线上的“O”扮演什么功能

对于家居品牌企业，用 O2O 模式实现电商化、互联网化，业内似乎已经没有太多异议。但对如何做好线上的“O”，争议颇大，行业还鲜有完全布局好线上的“O”的企业。那么，线上的“O”到底扮演什么功能，对线下企业最有价值呢？对于无法像海尔、酷漫居那样激进变革的企业，如何渐进演变？我认为可以从几个层面来理解，或者说企业可以由易到难，不断进化发展，最终完成线上线下的融合。

I 线上的“O”仍然可以扮演产品销售功能

从电子商务时代开启伊始，最先开始的就是零售变革。这是目前传统家居企业已经做了的，主要方式就是在天猫开店，在京东开店，或者交给第三方电子商务平台。最初企业都把电商渠道当成了增量平台，后来发现不是那么回事儿。在家居建材行业，线下渠道要么是企业自建专卖店，要么是一些区域的代理商经营专卖店，不管哪种方式，基本以专卖的方式在做。如果线上的增长以线下的减量为代价，而线上的客单价又大幅低于线下，这就对原来的代理体系造成了破坏，这是企业不愿意看到的。所以后来一些企业为了规避这个问题，多采取对产品做区隔，在线上卖的与线下不同，但往往是线上的产品比线下便宜，在同一品牌的情况下，对品牌价值是有很大损害的，而这些产品又需要服务，需要当地代理商去落实，造成代理商不愿意干，同时还会产生如惠达卫浴副总裁杜国锋所言的可能性——会冲击工程大单，得不偿失。当然，也有的企业把这些电商平台当成清理库存的重要通路，这不失为一个重要渠道。

在今天看来，这种电商模式已经不是家居企业发展电商的未来。

| 扮演企业线上综合营销平台

在今天 O2O 变革中，我认为这一点对今天的传统品牌企业最现实，同时又为线上线下一体化打好基础。品牌企业对电商的早期认识就是把第三方电商平台当成了一个卖货渠道，造成了线上线下的“精神分裂”。如果突然打通线上线下，又没有足够的资源，可能会因为企业体质过虚、用药过猛，导致衰败甚至死亡。

为什么可以把线上当营销平台，这在本书其他地方也有提及，就是消费者获取信息的方式已经发生变迁，全部都可以在网上获取，不管是 PC 还是移动端。而他们购买家居等大件产品的行为，通常要经过多方信息比较，以及全家线下体验。互联网、大数据、云计算，又为消费者与厂家的互动提供了廉价而高效的手段，线上营销平台功能得以完全有机会实现。这个营销平台可以考虑由这样几个层面构成。

一个基础就是官网再造，现在的企业多低估了官网（包含移动端）的功能，把官网一建，就扔到一边去了，基本没有运营，最多就是有什么信息往上面一放就算完了。改造后的官网不仅要承载企业信息，同时要承载产品信息，变成企业以产品为中心的信息平台，而不是一个电商交易平台，当然如果实现了线上线下一体化，也是可以有交易功能的。

二是这个平台可以与电商平台在产品信息上同步化，但不以厂商成交为核心目的，而是厂家在核算抽取部分网络成本后全部转为当地线下店的业务，跟专卖店自己卖没有多少差异，这种方式当然还要对渠道进行优化，提高渠道效率，这在其他章节已经提及。

第三就是围绕企业信息平台，持续进行精准营销和社会化传播，大幅提高传播效率，降低营销成本。对于品牌企业而言，消费者是有品牌选择倾向的。营销的目的，就是让消费者喜欢上品牌，成为品牌粉丝。至于消费者在哪里成交，线上还是线下，已经不重要了。未来就是要随时随地找到目标消费者，消费者随时随地都可以成交。在这个阶段，所谓线上的“O”，就是一个综合各方线上资源的营销平台。

最后实现 O2O 线下线上融合

一体化之后在思维和信息上就不存在线上线下的分别，就是以消费者为核心，为消费者提供更便利的服务、更优质的产品，也更能满足消费者的个性化需求。此话题在第二章中已经有所论述。但在家居产业，离这一步还有不近的距离，谁先到达这个终点，谁就能取得产业互联网化的先机，但对于数量如此庞大的家居产业而言，估计绝大部分家居产业走不到这一天。

第五节　个人平台模式

| 存在个人平台吗

我们谈了这么多的平台模式，很多人都以为平台模式只是针对企业而言，个人怎么会存在平台模式一说？其实在现实社会中，很多个人扮演了很多企业都无法扮演的平台模式。我所提到的个人平台模式，指的是一个人在某些领域里面具备了相当大的知名度和话语权，然后利用自己的知名度去聚集一大批相关者，而这个相关者可以是利益上的相关者，也可以是思想、精神上的相关者。

由于这种相关性，个人就形成了聚拢相关资源的核心，相关资源聚集后，又可以发生连接，这个连接可以产生利益的交易关系，也可以形成帮助的关系，还可以形成人群的朋友关系，可以理解为这个人是平台型的人才。在互联网出现以前，这种平台型的个人还局限在小范围内，这个人可能在单一的圈子里面知名度比较高，但不会扩展到太大的范围内。但在今天互联网时代，特别是移动互联网的发展，大大增强了平台型人才的影响力。

我们可以列举几个这样的平台型个人，大家可能耳熟能详。在国内有很大影响力、同时争议很大的著名经济学家郎咸平，就是一个平台型的个人。郎咸平在经济领域有独到的个人观点和世界级的专业水平，那么郎咸平观点所呈现的载体就成了聚集相应企业、相关人物的中心，这个载体可以是电视节目，可以是博客、微博、微信公众号，也可以是俱乐部、出版物等。那么通过郎咸平这样的载体就连接了很多的企业和个人，东方出版社就开发了郎咸平系列图书，广东卫视《第一财经》栏目则录制了郎咸平相关的电视节目，一家培训机构开发了郎咸平的课程，同时很多培训公司邀请郎咸平演讲，这些价值的开发都是围绕郎咸平开展的，是有组织、有策划的开发。

所以，郎咸平作为个人型平台，和那些服务性的平台一样，一方面在该领域有足够的知名度和影响力，能够输出相应思想产品，另一方面还能够影响一大批粉丝，而粉丝反过来又转化为价值，从而形成围绕郎咸平生存的公司或个人，而郎咸平本身并没有自己的专业公司，只有一两个学生作为他的助理，这些公司或个人将会根据他自身的特点与郎咸平这个个人平台链接起来，所以当其个人的价值（知名度和影响力）发挥越大的时候，平台价值也将越大。

可见，以郎咸平为核心，在某种意义上也生成了一种平台关系，凭借与郎咸平这一平台的共生关系，围绕其的企业和个人获取了一定的利益，同时也反哺于郎咸平。

第二个平台型个人的代表是曾仕强教授，我们都知道曾仕强教授是台湾的一位国学大师，在大陆数十年的企业授课过程中，聚集了大量的学员。曾仕强只需做好自身的开发就可以，很多咨询培训公司都会慕名而来，将曾仕强的课程添加到他们自己的课程体系中，而曾仕强个人并没有太多的工作人员，据我所知，他本人只有一名助手帮他协调处理与咨询培训公司之间的事宜。

第三个经常被大家谈论和媒体报道的例子是罗辑思维的罗振宇。我们知道罗辑思维是被我们称之为“罗胖子”的罗振宇联合创立的，当时虽然不是大股东，但很显然，他才是核心，通过罗振宇个人的影响力聚集了大量的粉丝，而大量的粉丝形成之后就形成经济价值，而他本人只需要做好个人品牌的传播就可以了。当然罗辑思维本身并不是罗振宇一个人单打独斗，而是以罗振宇为核心的几个得力合作伙伴共同打造出罗辑思维这样一个自媒体平台。对这种平台的打造来讲，其所需要的人力物力与传统媒体相比，人数是极少的，效率和效益却是很高的。

| 个人平台的生成机制

所以，对个人型平台来讲，在移动互联网时代的传播将会变得更快，所影响的范围也更广。在媒体整体去中心化的同时，部分个人也在逐渐中心化，这两者是同时存在、同时进行的。再中心化的个人就是平台型个人。因为互联网尤其是移动互联网让传播工具的效率大幅提升，让那些思想独到，又能产生很多价值的个人有机会在全国范围内迅速形成庞大的粉丝群体，从而形成平台型个人。

当个人平台连接了足够多的用户或者足够多的粉丝群体后，我们需要将粉丝群体进行价值变现，所以对个人平台来说只要左手连接粉丝，右手连接公司，价值就自然产生，这是一个三方都获益的平台模式，只要协调好相互的利益机制就可以。对于粉丝而言，希望的是获得个人给他带来更好的内容，受到思想上的启发或者学到更多的知识，所以对个人平台的创造者而言就必须不断去开发思想价值，所要思考的就是如何利用这些个人平台的思想价值和其凝聚产生的粉丝群体来变现，围绕个人平台的三方一定会找到一个公平合理的模式形成共赢、共生这样一种格局。

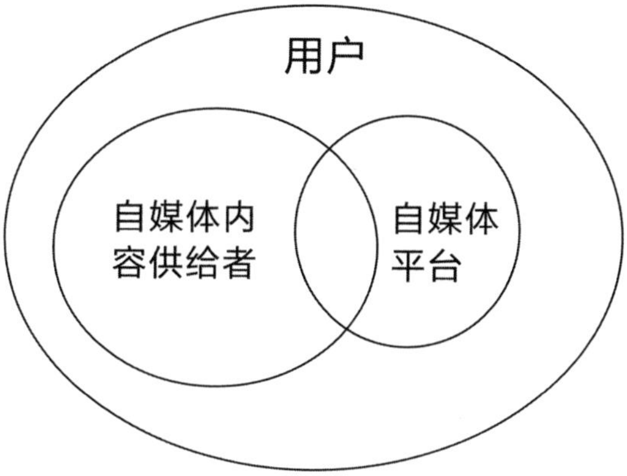

图 3-8　自媒体的共赢模式，
内容提供者在各种自媒体上向用户提供内容

所以对个人平台来讲，这不是一个新鲜的话题，只是说在产业互联网时代，个人平台的效率将会大幅提升，其产生的效果也会带来更大的呈现，它已经不再是一个像过去媒体那种权威的单独存在，而是在新的产业互联网时代运用互联网技术将个人平台化的一种商业模式。

第六节 新个体模式

| 大时代与小时代：足不出户与全国的生意

30年前，一批卷起裤脚下田的农民挑起货郎担，用脚做起了全国人民的生意，他们的名字叫“个体户”，一个新时代开始了。

30年后，山西吕梁临县木瓜坪乡张家沟村的一位普通村民，足不出户做起了全国人民的生意。这位普通村民叫王小帮，淘宝网店“王小帮山里旺农家店”的店主，也是当年淘宝极力塑造的店小二标杆。每天下午，王小帮都会开着一辆摩托车，满载着大大小小的箱子，沿着山路驶向十几里外的县城邮局。他车上装载的货物是当地的土特产，大红枣、玉米、黄豆、土豆粉条……王小帮通过开网店发出的包裹，当年甚至超过了县邮局平时的包裹量。七年前，他的网店刚开业，七年后，他已经是连续11期金牌卖家，“王小帮山里旺农家店”也成了信誉非常高的七年老店。像王小帮这样的店主在中国数以千万计。

30年前，王小帮的前辈们曾被称个体户，个体户最初是个贬义词，在20世纪80年代初期，基本上就是无业农民、回城待业青年、劳改犯的代名词，是无固定组织的群体，是社会的边缘人群，和主流社会格格不入，听着刺耳，看着更扎眼。直到有一天，这个被鄙夷的群体爆发出惊人的能量，拿着比组织人高得多的收益时，人们对个体户观念才转变过来，万元户、款爷儿，人们由开始的鄙夷变为对这些人的羡慕。

在人类历史的长河中，30年不过弹指一挥间，但30年也足够发生天翻地覆的变化。“个体户”从出现之初的被歧视到被广泛接受，标志着中国人终于从大计划经济逐步走向了市场经济，从集中型经济变为分散型经济，从发挥集体的力量到同时发挥个体的能动性，分散个体的潜力被充分调动起来，掀起了30年生产力大解放、大发展的宏伟篇章。被定义为社会主义经济附属和补充的个体经济，成为活跃中国经济的最重要推动力之一，开启了30年的中国新时代，在30年中国社会的变迁史、经济的发展史和思想变革中，留下了丰碑似的背影。

当我们说30年前的个体户时，我们回顾和梳理历史，历史的轮廓已渐清晰；当我们说30年后的王小帮们时，历史正在发生，我们说的是正在发生的历史。王小帮是个体户吗，显然是；他是30年前的个体户吗，显然不是，我谓之“新个体户”，是互联网催生的新型个体商业模式。

这是网络商业的新形态，若对这种模式加以放大，今天的各种技工，比如泥工、瓦工、专车司机、美甲师等在互联网的连接下，都将成为新时代的个体户。

丨个体是平台的反面

在我们讨论“互联网+”的商业模式时，聚光灯基本都投向了那些链接个体的平台企业身上，而往往忽略被连接的部分，这被连接的部分，便是个体，或者小微企业，而他们构成了商业生态的底层，代表社会的大多数。当然，这些个人或者小微企业，很多依托于各种平台，移动互联网更是开启了他们个体化生存的春天。

过去很多个体户都是单打独斗，今天却有不同。在互联网平台模式下存在很多的个体户，比如在装修这一行业中，我们说的工长和工头，基本就是技能型个体户。以前他们凭口碑自己接活儿自己干，也帮装修公司干，但他们是相对独立的。今天，他们不仅可以凭口碑，还可以靠与平台形成的共生关系打开另外一扇生意的大门。

最近一年来出现了很多工长平台，将装修公司这一中间环节剔除了，让用户直接与工长打交道。这些网络平台由于具备品牌效应和连接效应，让更多的用户通过网络平台来选择工长，所以这些工长平台就是通过集中这些分散的工长资源来获得用户的青睐。从工长的角度来看，通过这种互联网中介平台，可以更自由地工作，获取更高的利润。按照目前的情况来看，一个用户装修房子通过直接跟工长连接，可以降低30%的管理费用。

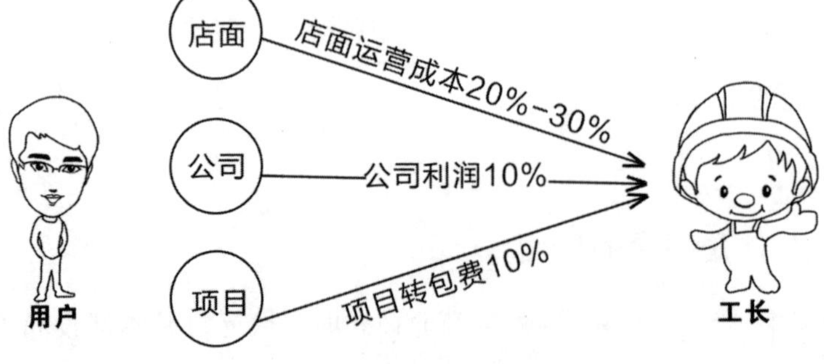

图 3-9　通过现在流行的抢工长平台比找传统装修公司节省 30%~40%的费用

对这些以装修需求为入口的互联网平台来讲，完全将那些装修工长纳入管理体系，管理起来很烦琐，甚至可以说无法管理，但通过平台模式既发挥了自己的强项，同时又让这些工长发挥了主动性。互联网的连接让原来的个体户变得更加有效率，通过口碑的方式将线下的信用和线上的信用合二为一，可以让那些优秀的个体户获得更大的回报。

我国改革开放后所诞生的个体户是激活市场的鲶鱼，正是他们打破集体的方式从而获得更多的主动性和积极性，提高了生产率。那么在新一轮的产业互联网时代，随着移动互联网电子商务这些基础设施发展和成熟，各行业的新个体户将会变得更加有效、更加透明，原来无法监管的市场将会获得更好的监控。

随着产业互联网的深入，比如原来很多在各个地方打工的农民群体，特别是年轻农民群体，将会呈现一种返乡大潮，返回农村创业。因为他们曾经在各个城市生活过，所以对互联网这种连接的效果和电商平台的发展比较熟悉，这些新个体打通了城市和农村的界线，呈现出一种双向循环的良好态势，未来，乡村将会是天堂。

随着人们对个性和自在生活的追求，这种新的个体模式将会在各个领域中持续发酵，当然除了有的产业必须是大规模的集中化才能产生价值，或者才能完成任务外，集中仍然是效率最高的，而在那些不需要大规模的组织和机构来运营的产业中，将会大面积地产生新个体经营的方式。

第四章

产业互联网时代竞争格局之一：平台博弈

Future Business Model
Future Business Model
Future Business Model
Future Business Model
Future Business Model
Future Business Model
Future Business Model
Future Business Model
Future Business Model

平台的博弈

贯穿本书的核心思路就是对于产业竞争要升维思考、降维竞争。提升思维格局，才能在低层面的产业竞争或者企业竞争中获胜。

站在国家组织层面看，朝鲜战争停战了，那是因为中（苏）美握手了；今天，战火不断的中东乱局，无一不是大国角逐的产物。2015年7月14日，伊朗核问题谈判在维也纳达成历史性协议。自2006年起，伊核问题六国（美国、英国、法国、俄罗斯、中国和德国）便与伊朗就解决伊核问题开始谈判，经过近10年的起起伏伏，照顾各方利益，最终才与伊朗达成全面协议。

在产业界，2015年2月14日，滴滴打车与快的打车签署合并声明，宣布两家实现战略合并，成为2015最知名，也是最大的合并案之一。两家各背靠大树、互为死敌的竞争对手，为什么在几乎不为人知的情况下，一夜间在西方情人节这一天宣布成为一家人？很明显，它们的目的不是“一夜情”，而是希望共同拥抱过好日子。滴滴背后是腾讯为代表的投资集团，快的背后是阿里为代表的投资集团，滴滴快的的竞争就不仅仅是两家打车软件的竞争，而是两个集团背后的布局竞争，这两个超级企业集团，很类似当年美苏两个超级大国争霸，地球上任何一个国家基本都在两大阵营之一，其他国家间的竞争就不仅仅是其他国家的竞争，真正角力的都是背后的美苏两个超级大国。在互相确保摧毁的情况下，双方都无法发生直接正面冲突，其他国家或者组织的竞争，就变成了美苏的代理人竞争。要解决代理人之间的纷争，实际上要解决的是背后大国的利益博弈。

打车软件初期采取花钱买用户的烧钱模式，需要不断输血才能生存和扩大用户，只有形成足够的用户，才会形成盈利。滴滴快的竞争十分惨烈，但由于背靠超级集团，首先确保了自己不会被对方打死，不管这种原因是因为背后集团基于面子还是基于布局。一旦底线被确定为不会被对方打死，竞争的死局就出现了，任何一方都有用不完的银子，任何一方都不可能独占市场，所有的补贴输血行为都会成为投资无底洞，这种死局就是双输格局的零和游戏。解决问题的钥匙落到了双方背后的集团手上，于是围绕面子里子的谈判开始了，合并成了双赢的唯一选项。当然，即使合并，它们也还没有轻松，优步进来了。背靠国际国内两大靠山，其他二线平台开始挑战了，但起码，它们各自解决了一个最大的竞争对手，现在是联手对付另外一个竞争对手的时候了。

冷战时代，超级大国只有美苏两个，第二、第三集团国家数量是众多的，要洞悉其他国家的竞争格局，必须搞清美苏竞争格局；在今天的企业竞争格局里，超级平台型企业集团仍是少量的，中小企业是众多的，要看清中小企业的竞争，就要看更高层面的超级平台集团的竞争格局。

产业互联网化发展到今天，超级互联网平台企业对传统产业和各大创新企业介入越来越广、越来越深，它们的体量也越来越大；另一方面，随着互联网巨头的跨界、投资和并购，导致超级平台企业集团间竞争边界越来越模糊，很多企业不知不觉中卷入平台企业之间的竞争。洞悉超级平台企业的竞争，便能洞悉今天产业互联网化企业竞争的关键。

第一节　平台的产生路径

丨去中间化与再中间化

前面讲过，在产业互联网时代，去中间化的另一层面就是新的中间化的诞生，而新的中间化因为互联网，特别是移动互联网的助推作用而导致信息更为集中，体量更为庞大。这种新的平台在一定历史时期不仅促进了交易和服务的效率，而且促进了整个产业的升级，这是过去传统平台企业远远不能企及的。

一般而言，平台就是第三方中间商，只是对接主体不一样而形成不同价值的平台，有对接商品的，有对接信息的，有对接人与人关系的。凡是对接，最起码是两方或者两方以上的利益群体，同时这几方群体之间对对方又有刚性需求。本质上，这些平台在变革所谓传统的第三方平台时，自己就形成了新的第三方平台，只是因为互联网技术的应用和互联网信用的形成，能够形成最大化集中过程中的最大化效率的效应。

| BAT 的平台产生路径

为了对互联网平台有更深刻的理解，我们不妨追溯一下互联网平台的诞生路径。

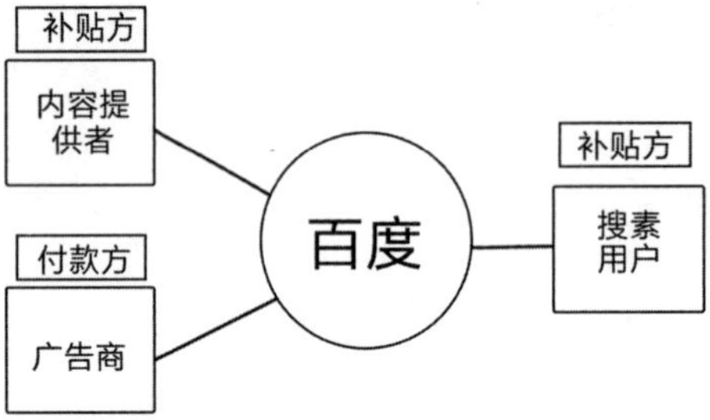

图 4-1　百度的平台模型简略图

以 BAT 中的百度和阿里巴巴为例。

熟悉互联网的人都知道，支撑百度商业模式的经营产品基础是搜索引擎，为什么会产生搜索引擎？因为对用户来讲，在海量的信息中无法寻找自己想要的东西，即便寻找到，效率也极低。那么通过搜索引擎对各种信息源的整合和对数据的处理，用户在搜索自己想要的信息时，就可以将不相关的信息排除掉。所以，搜索引擎是连接了网站内容提供者和有搜索需求用户这两个群体的平台。最初的百度还只是一个简单的信息搜索平台，但随着百度上搜索用户的聚集，带来了巨大的广告价值。因为很多企业寄希望于百度用户能为其带来商业价值，所以企业也加入进来，形成购买百度竞价搜索排名的广告主，这就是我们今天看到的百度的广告竞价排名模式。因为每一个企业都希望自己的目标群体在第一时间搜索到自己的产品或信息，都希望获得更多人群关注，所以它们都愿意购买百度的搜索竞价广告，那么百度也可以根据企业用户的这种竞价购买行为获得更多的收益。这是百度作为一个搜索引擎平台诞生、发展、壮大的基本路径。

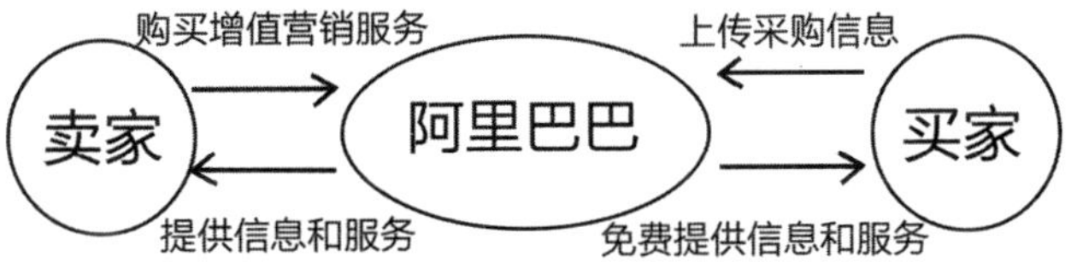

图 4-2　阿里巴巴的平台模型简略图

再来看阿里巴巴。阿里巴巴创始人马云最初的想法是做一个企业黄页，也就是将企业信息在网上进行分类呈现，让有需求的用户更方便地找到、了解企业和产品信息，与企业取得联系。这在互联网刚刚兴起的时候，为企业带来了很大商机。从本质上看，马云打造的中国黄页其实和百度有些类似，只不过百度是整合更宽泛的信息，除了国家机密外，所有用户想要搜索的信息，百度都纳入。而马云则是在企业信息这一纵深领域打造了一个平台。所以对阿里巴巴来讲，刚开始的 B2B 模式是对接了企业的产品信息，让互相有采购需求的企业方更方便地寻找到对方。后来阿里巴巴又开启了 C2C 的淘宝模式，让更多的小商品提供者和更多的小商品购买者连接起来，而大部分商品的提供者是个体人员或个体户，所以就形成了 C2C 模式。随着用户的聚集，越来越多的品牌厂家也开始作为产品提供方入驻淘宝开店，所以阿里巴巴又开启了 B2C 的天猫。今天，在天猫这一平台上还入驻了大量除商品以外的服务性行业，比如装修公司、物流公司等大量服务型企业进驻淘宝平台，从而形成了天猫这一 B2C 平台模式。今天我们可以看到，阿里巴巴还继续做范围更广的外延，围绕这一平台建立起菜鸟物流，收购高德地图等，都是为未来做更广泛的布局。

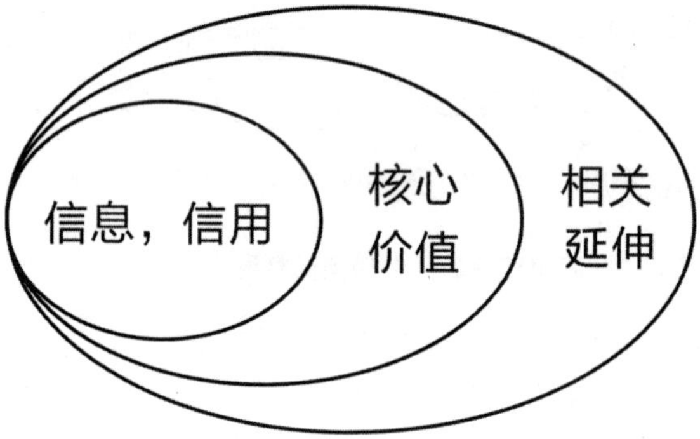

图 4-3　平台的诞生路径，以信息为基础，
提炼自己的核心价值，再向其他方面延伸

上述这些平台，其诞生的共同路径是基于什么呢？无论是百度还是阿里巴巴，起初都是以互联网信息采集的方式搭建自己的平台，其次利用庞大的信息优势吸引用户，最后再延伸到其他服务体系。比如百度是延伸到广告，阿里巴巴是延伸到交易，从而形成庞大的平台。对百度、阿里巴巴来说，都是通过自己的优势打造出满足供给方和需求方的体系，从而不断发展壮大，形成了今天的平台。

| 传统平台的变革

除了 BAT 这种以互联网基因著称的特大型平台外，很多传统的大卖场作为一种平台型企业也在变革。比如我们所熟知的家电连锁巨头苏宁和国美。苏宁和国美都是传统型的卖场，它们与上游各大家电品牌商进行合作，下游则通过在繁华商圈开店的模式吸引消费者去现场选购家电产品。所以对苏宁和国美来说，就形成了以大卖场为核心连接供给方和需求方的平台。在电商没有大肆兴起的时候，苏宁、国美占据了我国整个家电零售的半壁江山，在一、二线城市甚至形成完全垄断。但在互联网催生的零售电商平台兴起之后，消费者流量开始被分流，到今天为止我们看到家电零售卖场越来越冷清，因为消费者购买3C、家电已经习惯了在线上下单。这也是另一个零售电商巨头京东商城快速崛起的原因。

通常而言，任何守旧势力都不愿意自动退出历史舞台。这句话适用于人类历史的发展，也适用于商业历史的变革。由于电商平台对传统业态的冲击，这些体量巨大的连锁大卖场不可能眼睁睁看着电商平台侵蚀其市场。对它们来讲，顺应时代的发展，利用互联网的技术优势和商业模式来完善自己，从而提高自己的竞争力就变得刻不容缓。所以我们看到这些传统卖场开始在大范围内做系统性的变革。

在这方面做得最早、最彻底的应该是苏宁，也即现在的苏宁易购。苏宁易购最早提出了线上、线下一体化的策略，并且从董事长张近东开始彻底拥抱互联网。随着苏宁易购变革的深入，从原来单纯卖电器产品，逐渐演变为综合性购物平台。作为传统企业向互联网转型的先锋，苏宁自然会遇到重重阻力和艰难坎坷。很多人士，无论是传统企业人士还是互联网人士，都在怀疑苏宁易购到底能不能成功变革。我认为苏宁易购虽然在短期内碰到了变革的困难，但对苏宁易购来讲，创始人张近东下了很大的决心，经过这两三年的发展，也可以看到苏宁易购线上的成交额明显大幅度提升。随着更多的消费者涌向互联网，苏宁易购的线上成交比例也会越来越大，相信苏宁今天的阵痛是每一个传统企业向互联网转型过程中必然要遭受的，只要找到正确的路径，坚决地执行下去，终究会涅槃重生。

丨次级平台

除了上面说的两种平台外，第三种平台是互联网巨头跨界进入所产生的平台。因为随着互联网对传统产业的不断介入，很多产业之间已经模糊了竞争界限，我们看到很多互联网平台企业都在跨界发展，进入原本没有涉足过的领域，这样就诞生了新的平台。比如阿里巴巴过去主要是提供商品交易的平台，而现在随着对线下更多产业的涉足，开始进入物流环节，不仅投资了线下最大的大件商品物流日日顺，同时为了使平台触及更纵深的市场，还建立菜鸟物流网络，借此整合全国的物流公司来提升阿里巴巴的送货范围和送达效率。

我们还可以看到阿里巴巴在金融服务领域进行了扩张。现在很多人都在用余额宝，余额宝成为很多人活期存取并且比银行还要利高的理财产品，不仅具备了支付功能，还具备了理财功能。在今天产业互联网中，支付是非常重要的环节之一，目前支付宝不仅是我国而且是全球最大的移动支付工具，移动活跃用户规模超过 2.7 亿，业务范围涉及支付、信用、银行、理财、O2O 等。前不久支付宝母公司蚂蚁金服宣布进军“互联网+能源”领域，与中石化达成协议，预计为未来加油站的支付带来更便捷的服务。随着支付宝对越来越多传统行业的对接，传统的银联支付可能面临被淘汰的命运。

对于腾讯来说，金融也是一个非常重要的板块。尤其是随着移动互联网汹涌而至，腾讯借助微信在移动端固有的优势开始发力，移动支付成为其不可失之交臂的竞争区域。所以即使在阿里巴巴的支付功能非常强大的情况下，腾讯仍然进入了支付领域。大家都知道，2015 年春节期间，微信发红包带动了很多人的参与，很多用户为了参与这一有趣的游戏，将银行卡绑定了微信钱包，通过这一方式，微信支付的用户数量获得了飞速上升，使原本在金融支付领域不那么强大的腾讯在未来占据了更有利的位置。

在目前的互联网平台企业中，主要类型就是以上三类，一类是原本就很强大的 BAT 等互联网平台；一类是传统型平台企业在互联网时代变革而来的平台型企业，如上面提到的苏宁、国美和家居卖场红星美凯龙、居然之家等（虽然有的还不能称之为互联网平台，但站在发展的角度，这些企业只要成功变革，都是有机会转变为互联网平台企业的），都属于这类；再一类就是各种跨界所诞生的新的平台，比如上面提到的超级平台下的超级平台蚂蚁金服和微信支付。

| 细分领域的平台化

除了以上三个类型的平台型企业外，未来还有机会创立新的平台吗？当然有。但我认为，在未来产业互联网化的大潮中，还有很多线下不可或缺的服务环节需要改造或优化。现在看似不可能改变，但在未来一定有很大提升空间，如果我们能够及时整合相应资源，一定会提高该环节的效率，从而获得形成新的小型平台的机会。

还有就是那些巨头看不上、瞧不起，或者鞭长莫及的行业或环节，因为这些互联网巨头适应了打造那种只提供基础设施的平台，而不会在每一个专业的细分领域进行深耕。也就是说，对这些大型互联网平台而言，它们不会去做或者觉得做了之后回报率也不是很高，这时它们通常会选择收购或入股那些细分领域的小型平台。所以对这些小型平台来说是有机会进入的，但能够独立发展的困难将会越来越大，因为做起来不是被大平台收购，就会被其他对手的资本优势击垮。虽然这种平台诞生的最佳时间已经过去，但今天仍旧有很多行业值得我们去深挖。

第二节　平台的基本构成要素

研究竞争就离不开研究竞争主体所构成的基本要素，因为平台的构成要素太庞杂，容易被很多看似竞争激烈的要素所蒙蔽，而忽略竞争主体背后的真正要素，便不易对其进行深入剖析，而这背后的因素往往不像我们看到的那样一目了然。需要对企业主体的行业属性和发展状况进行深入了解。研究平台之间的竞争也是如此，我们首先要搞清构成平台的基本要素是什么，背后运行的基本规律是什么。

对于平台构成的基本要素，大致可以按照三个层级来看待，不同的层级扮演了不同的功能：

底层，是最基础的，也是最核心的，是成就商业平台的基本规律，类似高楼大厦的地基。

中层，是规则层面，类似高楼大厦的框架。

表层，是我们看到的应用层面，也就是大家说的商业模式。

丨相对最大化信息集中与最大化信用集中

构成平台最基础的要素，就是信息最大化集成和信用最大化集成，离开了信息和信用，便不可能形成平台，如果不是最大化，便不可能形成超级平台。就好像房子没有地基就不可能建立起来一样，离开这两个要素就是无源之水、无本之木。为什么信息和信用如此重要呢？因为无论任何时代，平台的存在就是打通交易双方的信息闭塞，并且为交易双方提供信用保障。这在古代的农贸集市如此，在现代的大型卖场如此，在今天的互联网平台更是如此，只是宽度跟深度不一样。

互联网平台相对过去的那些平台，最大的优势是什么呢？就是可以借助信息连接消灭一切信息不对称的行业。在此基础上，如果这一平台在信用上也能获得广大用户认同，那么就获得了存在平台化的可能。比如 BAT 三家大型互联网平台，百度主要是基于用户的信息搜索，阿里巴巴主要是为各类商家提供商品交易信息，腾讯主要的价值是体现在社交功能上。这三家看起来似乎只有百度更加贴近信息这一功能，但我们仔细观察构成这三家平台最底层的层级就会发现，构成它们的基础核心要素之一其实都是品类的信息集中最大化。

我们再来看构成平台的另一最底层要素——信用。其实信用与信息是紧密相关的，是与信息共生共存的。信息本身没有价值，信息只有具备信用才会具备价值。在今天互联网极度发达，信息透明度越来越高的情况下，信用便是使所有信息变为有价值的最重要元素，如果解决不了信用的问题，那么用户就无法辨别信息的真伪，而无法辨别真伪的信息是一文不值的。

我们从 BAT 三大平台可以看到，信息和信用是构成其平台的最底层最基础的要素，其他平台也一样，因为对任何一个平台而言，如果缺失了这两点中的任何一点，平台便不会成立，更遑论可持续发展。

| 相对最大化效率

每一个新的平台所满足的需求在传统的平台基本都能满足，比如买东西，以前在商场、批发市场都可以买东西，现在变成了在网上买东西，买东西这个需求和行为并没有发生变化，变化的是场景。场景变化是表象，为什么同样的东西，大家愿意到网上去买，那是因为便宜，为什么能便宜，核心差异便出来了，是因为基于商品信息的集中化和信用集成后，商品流通效率变高，成本下降而带来的售价降低。老平台向新平台过渡，是高效对低效的胜利，是综合效率的胜利。效率，就构成了平台第二个层面的核心价值。前面讲过，初期的最大化过程中效率是不断提升的，除非到一个临界点，必须用分散的方式才能解决效率问题。

| 相对最优商业模式

第三个层面是基于第二个层面所做出的相关延伸，基于集中的信息不一样，从而形成满足用户不同需求的商业模式，由于新平台远远优于老平台的效率，新商业模式获得对老的商业模式的胜利。对于同类平台而言，仍然是相对效率的竞争，效率高者获胜。

以上就是我所说的构成平台的三个层次。如何围绕平台的基本构成要素，打造其核心价值，在此基础上再去不断延伸平台的功能和应用，去拓展更多的细分产业，是所有平台发展过程中需要重点考虑的问题。这三个层面构成了平台型企业的基本格局，不管是大型平台还是中小型平台，不管是综合性平台还是垂直细分领域的平台，以上三个层面是所有平台成立与发展的基本逻辑，如果违背了这个基本逻辑，那么平台就不会成立，也不会走得太远。

第三节 平台运行的基本规律

丨平台运行的挤出效应

要分析平台之间的竞争，就要知道平台之间的竞争所依据的基本规律是什么。这个规律其实也是平台之所以成为平台的规律，也就是我在本篇第一章中提到的集中与分散的客观规律。大到整个宇宙、自然界、社会，小到一个城市、一个企业、一个平台，这种基本规律都在无形中发挥其作用，体现在某一领域整体效率和整体效益的方方面面。我们可以看到，目前所有比较成功的综合性平台，其成功都是因为在最底层将信息最大化地集中，然后通过建立信用吸引信息需求方，当平台集聚和连接了几种不同的需求方时，这个平台就诞生了。

今天的平台竞争格局，大的竞争格局可以说已初步形成，在刚开始的时候这些平台企业都经历了残酷的竞争，都是依据同样的规律，采取同样方式聚集更多的信息，吸引更多用户。我们可以回顾这些大型互联网平台的发展史，起初有机会或有可能成为大型平台的创新型企业众多，只是竞争到今天，其中的绝大多数都消失了，留下今天为数不多的格局（“老三国”BAT，“新三国”以京东、360、小米为代表）。这是因为在互联网竞争时代，只有第一没有第二的现实情况，决定了互联网平台在某一个领域或某一个环节，到最后只会存在很强的一家，后面再出现比较大的平台，都是更细分的领域。

我们来看促使这些平台成长的规律，都是借助互联网使信息变得更加集中这一基本条件。比如阿里巴巴是通过对产品信息的最大化集中，从而让用户对其形成极大的依赖，因为用户在阿里巴巴上可以找到更全面更好的产品，同时阿里巴巴也让用户摆脱了购买产品的地域限制，从而集聚了越来越多的供求双方，使规模越来越大。但是对阿里巴巴来说，其规模扩大是无限制的吗？对商品交易效率的提升会一直持续下去吗？我不这样认为，因为作为事物发展的基本规律，集中与分散规律作用的结果就是效率的变化。当信息分散的时候，效率比较低，那么通过不断集中，效率就会提升。但靠信息的集中将效率提高到一定程度的时候，集中的效率反而开始降低。这时候，另外一种趋势就产生了——分散。因为分散和集中一样，也可以提高效率。通常，集中和分散是同时存在的，不存在单向的集中和单向的分散，这就是为什么今天这些综合性平台的规模如此庞大，但仍然不断地开拓或延伸到其他各种细分领域。

这说明，当综合性平台靠集中提升效率到一定程度后，满足用户的效率反而开始下降，因为这种集中无法再满足各种细分领域或细分人群的需求，更多的是满足普通消费者的普通需求。那么对于更加个性化的群体，或者对于某一行业某一细分的领域，靠这种综合性平台无法更专业、更精准地为用户提供更好的服务，那么就不得不用分散的思维去开拓更专业化的细分化平台。这样一来，满足特定用户需求，针对某一细分领域或细分行业的垂直平台就产生了，这就是平台的“挤出效应”，或者叫作“分散效应”。

丨家装垂直细分平台土巴兔的商业逻辑

我们可以看到，对于综合性平台下面的这些细分的垂直型平台，其产生和发展仍旧是遵循了对该细分领域整体信息的聚集，在某个时段它会产生比过去更高的效率，但是当行业的信息和资源聚集到一定程度的时候，效率又开始降低。那么这个时候在垂直平台下面，又会产生更细分的平台，这一更细分的平台将会服务于更细分的领域。

比如在家装领域，作为互联网装修平台的土巴兔就是细分领域中的佼佼者。我国家装行业的公司都是很分散的，大大小小的装修公司和施工队参差不齐，这也可以从装修公司的规模中看出，目前鲜有装修公司营收超过 20 亿元的规模。很难想象，家装产业发展了 20 多年，居然没有形成巨头型的装修公司，这背后的原因其实是行业整体效率的低下。因为装修的产业链很长也很复杂，产品和服务无法标准化，产业链很长就意味着装修成本的高企，无法标准化就意味着无法在短时间内形成规模化。而且产品和服务的五花八门导致装修用户和装修提供方之间的信息很难有效对接，也导致装修成本居高不下。所以对装修来说，需要花费更高的营销成本去获取目标用户，同时又要监管整个装修的各个环节。对于单一的装修公司来说，这些信息很难进行大规模的集中，也就意味着无法通过集中化的方式提升效率而导致单个装修公司规模无法扩大。也就是说，从设计到产品，从施工监理到售后服务等各个环节，都需要装修公司兼顾，这就导致装修提供方和用户之间的交易效率和服务效率极低，于是撮合双方交易的第三方平台就应运而生了。到目前为止，土巴兔已成为该领域的领头羊。土巴兔开始是通过丰富家装信息，比如装修图库、家居产品、装修知识等信息，来吸纳用户，形成了装修领域的信息平台，正是因为家装用户的大量汇聚，吸引了更大量的装修公司入驻。土巴兔通过匹配交易双方的交易需求，逐渐取得在家装行业这一个细分领域垂直流量第一的地位，其流量远远超过了在该领域排名第 2~10 名的流量总和。

过去很多家装公司需要花费很多人力、物力、财力去寻找客户，而现在它可以将寻找客户的任务交给第三方服务平台来实现。目前来看，入驻土巴兔的装修公司都是中小型装修公司，在未来随着土巴兔信息聚集能力越来越强，随着选择互联网方式装修的年轻一代群体的需求井喷，大型装修公司将会受到极大冲击。在今天，土巴兔不仅是一个家装领域的装修平台，同时也逐步演化成为聚集家居建材交易和金融服务的平台，当然这都是围绕装修这一细分领域所做的延伸。

丨家装还会产生更细分的平台吗

那么对于装修这一细分领域，除了土巴兔这种主要聚集用户和装修公司两方资源的平台外，还会产生更细分的平台吗？一定会。因为对装修这一复杂且冗长的工程，很多环节还有独立存在的空间。比如说设计和施工，在装修的过程中，这两个环节可以说一个处于前端、一个处于后端，都是与用户频繁接触的重要环节。土巴兔在吸引用户的信息上，有一个重要的板块就是设计师板块，还开发了专门的平台，叫设计本。在施工这一环节，新浪也开发了以施工队为核心的抢工长平台。

熟悉家装行业的人都知道，装修公司的毛利空间在40%左右，这40%包含了营销费用、管理费用、监理费用以及企业利润等，所以只有摒弃或降低营销、管理以及监理费用，直接面对装修施工这一环节才能获取新的利润点，于是新浪的抢工长平台就出现了。所以我们可以看到，在土巴兔这种聚焦细分行业的平台之外，又产生了聚焦细分行业更细分环节的平台，有围绕设计师的平台，有围绕施工队的平台，未来可能还会诞生围绕监理的平台。

丨综合与细分平台的双向调节

在产业互联网如火如荼的今天，平台正从综合平台、垂直平台过渡到更细分的只专注于某环节的平台。也就是说，每一个层次都会产生相应的平台，随着更多更专业的细分平台的出现，将会弱化综合平台的功能。当然，功能太过单一的平台，很难集中有众多需求的用户，所以当越来越多的细分平台出现后，另一个效应也在发生，就是集中。我们可以看到，过去很多细分领域的平台，被大的平台采取收购、参股或合作的形式整合到大平台旗下。综合平台的发展和细分平台的发展是一个集中与分散相互制约、相互促进的过程，当细分到一定程度之后，综合平台的价值又开始凸显。所以，综合和细分总是向着最合理的状态发展，总是在两者之间摇摆寻找最合适的黄金分割点。

对任何一个平台来讲，如何处理好集中与分散之间的平衡，是未来能否持续发展的关键。对那些综合性的大平台而言，存在被细分平台弱化的可能。而对那些分散的小平台而言，要思考的是当其分散的效率越来越低的时候，如何做好外延性的扩展。这就是为什么很多细分领域的平台，当其发展到一定程度之后就开始做平台的外延。比如土巴兔，刚开始只是集中装修公司和用户这两个群体的平台汇聚地，现在慢慢开始往产品、金融方向延伸。就说明当这种细分领域的平台发展到一定程度之后，会逐渐遇到市场瓶颈和用户多样性需求的问题，如果市场和用户都不足以支撑其下一步发展，就必须做外延性扩张，如果不扩张，那么只有被综合性大平台替代或收购。同样，如果综合性大平台不能在保证其综合性的同时，对细分领域进一步延伸和深耕，也有可能面临被细分平台大幅弱化的可能。

除了以上独立的平台发展模式外，还有一种方式就是大的综合性平台立足于最核心的底层的层面，只负责提供最基础的互联网设施，就像市政工程提供水、电、煤一样，为各种细分领域的平台提供基于大数据、云计算等基础设施，而各种细分领域的平台利用或者与大平台合作，就省去了自己独立开发这些基础设施的成本。比如以 BAT 为主的三大互联网平台，它们目前正在布局提供这方面的基础设施。

第四节　平台竞争的边界

| 确定竞争边界是个战略问题

世界上没有任何一家企业甘愿停滞不前，做大做强是所有企业追求的目标。为了实现这一目标，企业就必须追求扩张，或者横向进行多元化业务，或者纵向进行产业链延伸。当扩张有利于企业提高效率和效益时，扩张对企业是有利的，当扩张不利于企业提高效率和效益时，扩张对企业是有害的。对企业来说，为了趋利避害，如何考虑和确定其竞争边界就成了一个战略性问题。互联网时代的平台型企业，体量都十分庞大，体系也非常复杂，而且不像过去传统企业那样可以比较清晰地界定其边界。因此，我们可以看到，如 BAT 这样成功的企业，投资收购或者收缩的消息经常漫天飞。而对于那些细分行业的垂直平台，即便定义为细分，仍然会因为野心或者竞争压力，不断去扩大竞争领地，有的成功了，成了更大的平台，但更多是一败涂地。

因为看不清，所以恐慌。这几乎是所有互联网平台都面临的一个问题。既然要明确企业边界，不妨先认识到企业的核心是什么。因为对边界来说，无论处于什么时代，必然有一个核心与其相对，在没有完全认识到核心之前，去谈边界是没有任何意义的。作为企业来讲，每一个企业的诞生基因不一样，赖以安身立命的东西也不一样，这种基因或者安身立命的东西我们不妨叫作企业的核心竞争力。

这在当下几个互联网巨头身上体现得最为明显，阿里巴巴是以交易为核心，百度以信息搜索为核心，腾讯是以社交为核心，360是以杀毒为核心，小米是以手机为核心，58同城是以生活类信息为核心等，这些功能都是它们作为平台型企业的核心所在，是它们获取用户的关键。但在产业互联网如火如荼的今天，新的模式或颠覆性的东西如雨后春笋迅速冒出，而且成长速度非常快，这就给平台企业提出了一个问题，企业到底处在哪个层面才能保证绝对安全？应该如何竞争才能恰如其分，不至于停步不前也不至于越界？大多数平台型企业对这一问题悬而未决，所以我们看到每个平台企业都不甘心坚守在自己的核心区域内，而是不断地向外延伸其边界。这样做的目的不仅是为了增强自身的竞争力，同时也是为了扩大自身的安全边界。

就像过去国家间的竞争一样，一个国家必须有自己的核心区域，同时还需要寻求安全缓冲带和隔离带。当然过去的安全边界是由地理疆域上的距离来衡量的，今天随着全球化、互联网化、信息化深入到世界的每一角落，国家与国家的竞争早已远远超越地理疆域的竞争，上升到更立体、更纵深和更复杂的层面。对企业来说也是如此，过去的传统企业扩张，除了少数大型企业集团外，基本上都在本行业内做延伸。但今天的互联网平台企业，不断外延至其他领域，甚至是那些“八竿子打不着”的领域。

| 防御性布局

众所周知，腾讯做QQ商城和拍拍网在目前来看是失败的，甚至可以说在过去根本就没有成功过，关于为什么会失败，业内人士有大量解读。有一种说法可能是常见的，就是腾讯明知自己在这方面竞争不过阿里巴巴，但还是要做。腾讯这样做，目的不是为了打败阿里巴巴的淘宝，而是对淘宝做一个防御性布局。因为拍拍网能够做起来固然可以帮助腾讯延伸自己的势力范围，即便永远竞争不过淘宝，也会无形中给阿里巴巴带来一定压力，因为阿里巴巴总会感觉到有一个重量级对手在该领域与其竞争，所以不敢放松在该领域的注意力，也就腾不出手扩张到腾讯的社交领域。对腾讯来说，采取这种方式，不仅阻止了阿里巴巴在交易平台领域的一家独大，而且还起到了战略阻滞的作用。

在移动支付领域，腾讯和阿里巴巴之间的竞争也值得剖析。腾讯作为一个以社交为核心的平台，与以交易为核心的阿里巴巴相比，在支付领域并没有多少优势。但马化腾并不这样认为，马化腾看到了支付不止限于交易这一环节，在增强人与人之间的连接上也起着不可替代的作用。在支付宝成为移动支付的绝对“一哥”后，腾讯仍开发了财付通，目的就是一方面强化自己的社交平台，一方面利用支付这一工具对阿里巴巴在金融上的布局产生压力。囿于阿里巴巴在支付领域的强大，腾讯的财付通虽然早在2005年就已开发，但一直以来都没有太大起色，只有到了移动互联网发力的时代，微信才成为连接几乎所有智能用户端的社交工具，爆发出巨大的能量。在短短的一两年时间内，腾讯的支付系统获得了很多用户，尤其是通过微信红包这一方式，更是让很多用户在短时间内绑定了银行卡，从而成为完全可以与支付宝相抗衡的支付工具。我们可以看到，腾讯在阿里巴巴占据网络支付的强大地位时，顺利扩展自己的外延性功能，成功地将竞争边界扩张到对手领域，而这种外延并不是因为其支付系统本身的成功，而是利用微信这一社交工具带动了支付功能的成功。所以，如果没有微信这一比 QQ 在功能性上更加得力的社交工具，腾讯的支付工具在今天仍然难以与阿里巴巴抗衡。

丨腾讯的半条命

回头来看，腾讯在做拍拍网的时候，包括后来收购易迅，虽然在交易领域所花费的精力不小，但是所获的成果却微乎其微，基本上都折戟沉沙。

这说明什么？说明在过去竞争局势不明朗的时候，BAT 在几乎所有能涉及的领域都展开竞争，所有能涉足的领域都不设边界，所有的事情都想自己干。但随着竞争格局的逐渐明朗，它们开始明白并不是所有的事情都能干好，所以就逐渐放弃了原来很多扩张计划，逐渐将自己的边界锁定在核心优势周围，更加专注于做好自己的事。我们也可以看到，现在的腾讯更专注于做连接人与人、人与服务这种最基本的互联网基础服务供应商。虽然移动互联网时代，微信崛起大幅提高了腾讯的竞争力，但腾讯不再像过去那样深入到离核心太远的领域，而是采取与第三方合作的方式扩充自己在交易领域的市场。比如现在腾讯将交易这一块采取战略合作的方式交给京东去做，而自己只扮演投资者和流量入口这一角色。这也是未来大型平台企业的发展路径，它们逐渐转变成像市政公共工程一样只提供水、电、煤这种基础设施的平台，而这种基础设施的风险是最小的，取得的利润却是最大的。

腾讯董事局主席马化腾在不同场合经常提到一个有趣的说法，叫“半条命”。他说腾讯将“半条命”交给了合作伙伴，用他自己的话来说，“腾讯的定位是卖个梯子、降落伞或者望远镜”。实际上，经过长时间的竞争和对边界的领悟，腾讯确实开始明白自己的竞争边界究竟在什么地方，因为在今天这种互联网与所有产业都结合的时代，腾讯不可能将所有的产业都拿来自己做。同时，在这个时代平台最核心、最基础的价值会越放越大，而在这个层面要诞生一家或几家新的公司来替代 BAT 是很难的。所以，腾讯现在的策略是，只负责提供产业互联网化最基础性的东西，在细分领域则采取不同方式与专业平台合作，与其合作的细分平台越多，腾讯也将越成功。

| 移动布局恐慌之后的阿里巴巴

我们再来看阿里巴巴。阿里巴巴最核心的竞争力是交易，旗下平台涵盖了从交易、支付到物流几乎所有类型和所有环节。当腾讯拿到微信这张移动互联网时代的第一张真正意义上的船票后，马云感到恐慌了，甚至很多媒体用“马云颤抖”来形容这一恐慌。这是有道理的，因为在移动互联网时代，微信这一社交工具产生的商业价值不可估量，微信连接一切的功能正在凸显。更让马云不安的是，移动互联网应用对用户来说基本上是二选一的排他性法则，阿里巴巴很难在移动端上开发出一个新的社交应用对抗腾讯。所以我们看到，尽管阿里巴巴也开发了来往这样的社交工具，但用户有限，与微信相比差距还很大。

随着时间的推移，马云发现，微信对它的商务有影响，但并没有想象中那么大。我们也可以看到，在过去一年中，微信在移动电商方面虽然动作频频，比如入股京东、入股大众点评、分拆易迅、推出微店……几乎每一个动作都对淘宝构成了显著威胁。但结果是，微信的这些动作没有一个可以撼动淘宝，我们看到的是，京东依然处于亏损状态，大众点评也直言“微信入口被高估”，微店更是悄无声息。所以，大家都逐渐认识到，移动电商还在探索的路上，未来谁将胜出还很难说。所以，阿里巴巴的布局仍旧回归到以商品交易为核心去延展自己的商务系统，将蚂蚁金服、菜鸟物流、高德地图等打造成围绕交易而服务的平台。当这些边界布局完成后，马云更多的是利用 O2O 的模式去服务线下的无数商家。阿里巴巴曾提出，凡是规模在 10 亿元以上的品牌企业，营业额在 100 万元以上的商家，阿里巴巴都可以帮其形成线上、线下互动互联的店铺。

| 平台竞争的三个边界

在互联网时代，平台已经成为互联网企业中的主要竞争主体，各个平台型企业为了自己的商业利益，采取各种方式来壮大自己或削弱对方。我们所看到的边界扩张也好、收缩也好，都是为了使自己的价值最大化和安全最大化，都是基于当下和未来考虑所能做出的战略性选择。但对企业来说，竞争也是有边界约束的，不是说完全侵占对方的利益就可以达成自身的商业利益。我们知道前些年 3Q 大战，也即奇虎 360 与腾讯之间的竞争，就引起了用户的公愤。虽然最后腾讯胜诉，但作为互联网反不正当竞争第一案，给我们带来的启示是，在企业竞争过程中，互联网企业不能只看到对手，更应该看到用户，不能无底线竞争。所以对平台企业来说，除了商业竞争外，还要考虑到商业竞争所带来的影响，是不是触及了互联网用户的根本，是不是一场符合道义的竞争。

实际上，在几家互联网巨头的竞争中，无论前面提到的3Q大战，还是腾讯和阿里巴巴之间的红包大战，还是百度和360之间的竞争，这些竞争都处于法律边界和道德边界的临界点。所以对今天这些大型平台企业的竞争，我们要考虑三个边界，即商业边界、法律边界和道德边界。如果说一个企业的竞争超越了法律边界和道德边界，不仅不会提升价值，还将使自己的声誉严重受损。当然在法律边界这个层面，需要政府相应的执法机构来判断，但对于道德边界，确实是消费者的口碑所形成的判断。所以我们在认识平台边界的时候，要判断商业竞争的边界到底在什么地方，哪些是企业应该做的，哪些是企业不应该做的。

| 白热化、常态化的平台竞争

经过上面分析，我们可以判断，在当下，互联网平台之间的白热化竞争，已成为未来商业竞争的一个常态，面对竞争，平台面对的几个核心问题是：

第一，平台最核心的功能是什么，也即能为用户提供什么。认识这个问题，首先要明白自己的核心在哪儿，因为这个核心是平台未来进行产业延伸的重要根据。

第二，平台延伸出去的领域跟平台的核心是什么关系，这种关系是资本上的关系还是业务上的关系。

第三，平台竞争的对手处于一种什么样的状态。

第四，如何站在更高的层面来看待平台之间的竞争。

第五，平台竞争是动态的，平台的竞争边界永远处于从不均衡到均衡，再从均衡到不均衡的动态过程。

第五节　平台竞争的五大模块

不同级别平台形成的竞争状态和竞争格局有很大差别，前面主要分析了同级别平台之间的竞争，以 BAT 为主，也分析了很多不同级别平台之间的竞争，比如前面提到的细分领域平台，或针对某一产业某一环节而言的平台。在这些平台之间，有横向的同级别之间的竞争，也有纵向的大平台与小平台之间的竞争。由于竞争主体众多，所处的位置不一样，所以在具体的竞争方式上也有很大差异，这导致我们很难看清竞争格局。

其实对于任何复杂的竞争格局，如果能抽丝剥茧，剔除所有不同类型竞争主体之间的差异部分，都可以找到相同的地方。也即共同性和特殊性的关系，只有理解了共同性才能更好地理解特殊性。经过梳理，我认为，任何竞争主体之间的竞争，其共同性都可以用以下五大竞争模块概括。

丨第一是入口之战

对任何平台而言，最基础性的竞争是信息的竞争。换句话说，谁能

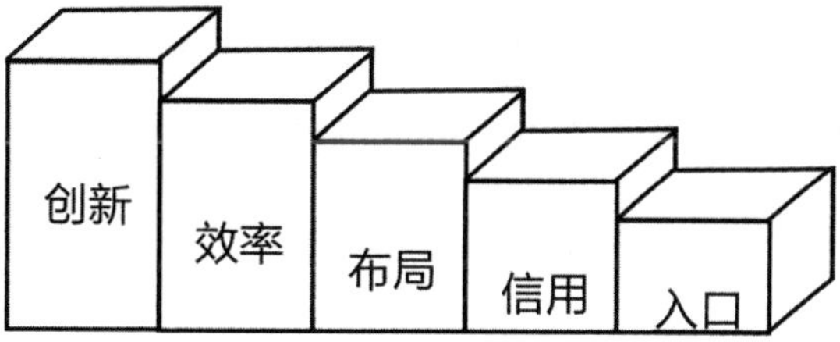

图 4-4　平台竞争的五大模块，入口、信用、布局、效率和创新，一个都不能忽视，既是系统性的，又是层层递进的

聚集更多更全面更有用的信息，那么谁覆盖的群体就越多，业务延伸的触角就越广，竞争力也就越强。我们可以看到，BAT 三家平台型企业，目前来说是搜索、社交、交易这三大领域中信息量最大的企业，所以它们也是目前平台企业中最大的三家企业。

我们先来看腾讯。无论是 PC 端的 QQ 还是移动端的微信，腾讯都是网络社交工具的一枝独秀，几乎覆盖了所有的用户。未来随着智能手机覆盖的人群越来越多，腾讯在社交这一领域的优势会越来越强，很难再形成对微信产生直接竞争力的对手。我们可以看到，无论是阿里巴巴推出的来往，还是网易推出的易信，到现在为止基本上都快销声匿迹了，所以腾讯占据了社交领域的最大信息入口，成为三巨头之一。阿里巴巴也是如此，是我国交易信息的最大入口，占据我国电商市场超过 80%的市场份额，所以基本形成了一种寡头格局，其他竞争对手也很难侵入。而百度，它成为几乎每一个人搜索信息的入口，基本上我们搜索信息都通过这一入口来实现，其他搜索引擎基本上处于陪衬的地位。当然这是指其在 PC 时代的状态，进入移动时代后，百度的高垄断格局正在被打破。

在更小一点的平台里面，奇虎360属于另辟蹊径的，360通过为用户提供免费杀毒软件的方式绑定了很多用户。通过不断挑战，不断进步，最终360成为杀毒领域的霸主。当它聚集了大部分用户之后，开始不断延伸其产品，利用360浏览器建立了搜索、网页游戏等业务，用周鸿祎自己的话来说，“360一年几十亿的收入不是靠杀毒卖出去的，而是靠浏览器业务平台做出来的”。所以说，只要获得了信息入口，就会形成海量的用户基数，然后就能够利用平台获取收益。

虽然以信息为入口的平台格局基本上形成，但在今天如果说哪家企业在信息上完全高枕无忧的话，我相信没有。因为在这个快速迭代的时代，每家企业都处在十分紧张的竞争环境中。比如移动端的微信出来后，让阿里巴巴十分紧张，因为它们担心移动互联网的洗牌会将阿里巴巴在交易领域的老大地位颠覆掉。在当下看来，由于微信作为一种社交工具在智能手机端占据了绝对的用户数量，所以未来微信能不能够利用这一信息入口对阿里系形成更大的威胁，今天还很难说；另外一个明显的入口之争是百度，因为在移动互联网时代，手机端的搜索和PC端有很大差异。百度在过去的PC时代很成功，是因为基本上独占PC端的搜索入口，但手机端的搜索和PC端的搜索截然不同，百度能不能克服这种不同，是未来能否胜出的关键。

所以，这些巨头型的平台企业，对信息入口的竞争都是寸土必争，一方面固守过去的阵地，另一方面尽可能地去占据更多更新的阵地。如果它们面临信息流向发生变化的时候，或者面临信息集中方式发生变化的时候，它们都会非常紧张。这就像一个国家失去了纵深，就很难抵抗入侵之敌，而平台一旦失去了信息入口的功能，也就失去了存在的理由。

丨第二是信用之战

平台存在的另外一个基础是信用。信用在今天的平台竞争中也发生着根本性作用。因为在互联网线上和线下越来越连成一片之际，未来一切都将是透明的，信用的重要性会越来越凸显。信用不仅成为平台企业存在的根本，而且会关系到平台企业的安危。

前些年，央视曾经报道百度涉嫌竞价排名黑幕，对这一负面报道百度当时非常紧张，因为百度无法在搜索和广告两者之间做出平衡。再比如，淘宝的假货问题在今天仍然存在，也包括用户一直诟病的刷单问题，一方面淘宝的店家为了获取流量不得不刷单，而另一方面淘宝的广告位又很贵，在浩如烟海的交易平台上，不是每个店家都能获得曝光。这就是为什么有人说在整个阿里巴巴的交易平台上，赚钱的商户或企业只有 10%，20%大概保本，而 70%处于亏本的状态。虽然阿里巴巴在打击虚假交易方面越来越严，但在目前看来成效还不是很显著，因为刷单行为对阿里有两方面的作用，一是可以提高它的成交金额，获取了更多的佣金回报，但同时另一方面却有损阿里的信用。对于腾讯来说，今天仍旧存在社交用户是否在互联网里面变得更透明的问题，也存在如何尊重个人隐私，如何让人与人之间的交往获得更多信用保障的问题，这都关系到腾讯信用的问题。

平台企业要像爱护自己的眼睛一样爱护自己的信用，因为信用的破产在今天这种互联网传播效率下会让你瞬间失去用户，而失去用户也就意味着失去了一切。

| 第三是效率之战

效率竞争，这是比较好理解的。如何提高平台运营效率考验着平台企业在未来的竞争力，与传统平台企业相比，效率要高，与同类型的平台相比，其效率需要更高。

当企业达到一定规模后，信息集中后边际效率是下降的。但企业生存的基础是基于信息集中形成，无法通过，或者说很难通过分散化的方式来提升效率。唯一的办法就是扩大平台所涵盖的业务范畴，就像单一企业扩张产品品类一样，用多元化的方式来解决企业竞争问题，建立竞争门槛，让效率更高的平台竞争者因为门槛问题无法介入，从而避免直接竞争，这就是接下来要讲的布局竞争。

| 第四是布局之战

任何企业，都会不断遇到新势力的挑战。任何一个现在的企业，都不希望在新势力的挑战下灭亡。为了应对未来任何可能的挑战，企业都要做出自认为合理的部署，以应对现实的和未来的挑战，这就是布局。高手过招，一看布局，便知深浅。

说简单些，就是稳住基础，跨界延伸。在今天互联网竞争边界已变得十分模糊的情况下，每一个企业为了让自身更加安全，一方面必须稳固自己的核心利益和价值，另一方面必须进入新的领域，以防止挑战者的挑战。

我们简单梳理下阿里巴巴的布局，也许有助于我们更好地理解平台企业究竟该如何做好布局。首先，阿里巴巴解决了信息入口的问题，也就是将最初的黄页搬到网上，企业可以很便利地找到需要的企方信息；随后，阿里巴巴通过信息进入交易环节，那么就面临纯线上交易在没有面对面的情况下如何建立信用的问题，阿里巴巴通过支付宝解决了这一问题。接着，就涉及线下物流环节的问题，阿里巴巴整合了大量的第三方配送资源，建立了菜鸟物流，还入股海尔日日顺，提升自身在大件物流配送方面的能力。这些都是重大的战略布局，使得阿里巴巴形成一个交易生态圈，这套体系的完备性让对手很难攻破。

上面基本上都是在 PC 时代的布局，那么在移动互联网时代，阿里巴巴又做了哪些布局呢？为了抢占移动端的入口，阿里巴巴收购了高德地图，高德地图是阿里巴巴在移动互联网时代重要的战略布局，因为未来的交易模式更多的是 O2O 模式，也就是整合更多的线下商业。我们知道，经过这么多年的发展，纯线上的交易已经达到了市场的天花板，未来更多的商业机会在线下，如何去分线下这块蛋糕，高德地图或许就显示出未来的商业价值。因为在未来移动互联网将打通几乎所有产业的线上和线下，所有的交易场景都可以用移动设备连接。比如用户在购物的时候，可以提前知道最近的购物场所在哪儿，在去之前就可以与商家交流，节省了购买时间和购买成本。此外，阿里巴巴最重要的盈利模式还是广告，为了将用户流量变现也做了广告方面的布局，这个布局是通过整合广告联盟，形成了阿里的广告系统。这些布局一方面让阿里巴巴整个系统更加牢不可破，一方面也为其未来继续引领交易平台奠定了坚实的基础。

我们再来看腾讯，无论是在 PC 端还是移动端，腾讯都是社交平台的老大，为了将社交用户变现，腾讯开发了包括游戏平台、广点通等变现途径。为了利用好自己在移动端的流量，腾讯将电商交给第三方来运营，成为电商平台京东的战略股东，将原来自己亲手操盘的事变成参与的事，从而形成了自己的产业边界。

再来看百度，对百度这样的企业来说，它的核心是搜索。一方面百度将搜索做得更加细致，以吸引更多的用户使用其搜索引擎，另一方面又做了很多布局，比如百度地图成为百度进入移动互联网的一个入口，成为在所有地图类应用中使用率最高的地图 APP。通过百度地图，百度引导某些区域的商家加入其系统，同时百度还战略投资了相应纵深行业的细分行业平台，比如旅游业的去哪儿网，家居建材的齐家网，还有偏重团购的糯米网等，通过这样的战略布局也同样形成了自己的强大竞争力。

丨第五是创新之战

在今天产业互联网的大潮下，变化太快，新的技术层出不穷，用户在变化，市场在变化，竞争对手也在变化，在这些变化中，如果企业不能够快速创新迭代，下一刻就可能处于崩溃的边缘。

所以，创新对未来的平台企业提出了严重挑战。尤其对大型企业来讲，有一句话说得比较形象："大企业穷得只剩下钱"，意思就是除了目前的规模庞大外，企业自身已经不具备创新能力，所以为了保证自己在未来的竞争力，这些企业通常用资本去收购或参股更多的创新型企业，从而实现间接性的创新。

对于更多的企业来讲，没有这么多钱，就得实现直接性的创新，这种创新体现在两个方面：一是商业模式的创新，就是现在的商业模式如果不适应未来的发展，那么就必须快速调整相应的商业模式；另一种是技术的创新，比如腾讯的创新就是通过自己内部的竞争，诞生出微信这一团队。当时开发移动端社交工具的团队有两个，一个是腾讯的手Q团队，另一个就是以张晓龙为首专门针对移动端的平台，由于腾讯的手Q团队在原有的QQ团队基础之上很难彻底摆脱传统思维的影响，或者说利益关系导致左右手互搏。所以，微信最终就在张晓龙这个团队里面产生了。说得简单一点，腾讯是用自己人灭掉自己人的方式开发出了微信这一产品，才获得了在移动互联网时代的第一张船票。所以马化腾讲，"如果微信的诞生迟来一个月，我都不知道今天的腾讯会排在什么位置。幸好微信是腾讯开发的，如果微信或者什么其他移动社交工具诞生在另一个平台里面，我都不知道移动端的腾讯还有什么优势。"由马化腾这位大佬的感慨，我们是否可以感觉到，创新对于平台企业是多么重要。

以上就是平台型企业竞争需要注意的五大模块。对平台型企业而言，因为其竞争方式与一般传统企业有很大差别，从入口、信用、效率到布局和创新，一个都不能忽视。过去我们提到企业竞争强调要出奇制胜，但现在我们要首先满足以上五个模块才能获得竞争的基础。因为平台型企业更像是一套系统，平台型企业竞争是整个系统的竞争，所以必须在保证系统稳定的前提下，稳扎稳打，既要考虑稳定性问题，又要考虑创新，既要稳住自己的阵地，同时还要开拓新的疆界。

第五章

产业互联网时代的竞争格局之二：品牌竞争的三大思路

Future Business Model

打败你的对手都不在你的视线之内

今天的企业竞争，已不局限于同行同业的竞争，而要看产业竞争格局的变化。过去传统企业的扩张无非两种：一种是纵向的上下游整合，另一种是横向的相关产业链延伸。但今天不一样，随着互联网对传统产业链的介入越来越深，导致产业竞争的边界被大幅延伸，原来多数传统企业对互联网思维并不感冒，但现在不懂互联网基本上就等于新时代的“文盲”。过去的纯互联网企业与传统企业除了部分业务（比如广告，或者传统的商业平台）来往外，很少涉足传统企业的实质性业务。但今天我们看到了以 BAT 为主力军的互联网企业借助其线上优势大举跨界到传统领域。也就是说，今天的企业竞争格局已不再像过去有清晰的边界，而是很多“门外汉来敲门”。这些“门外汉”借助先进的理念、想法和工具，再加上资本的青睐，往往快速而彻底地将现有格局打乱、重塑。

最熟知的案例要数小米。小米掌门人雷军最早是做软件和天使投资的，由于其对产业互联网的理解与传统企业家是不同代际的思维，所以一出手便所向披靡。仅短短 3 年时间小米手机的出货量就超过 7000 万台，营业额将近 1000 亿元，估值也从 10 亿美金放大到 400 亿美金。这种成长速度在过去 30 年的企业竞争格局中是难以想象的。对大多数传统企业而言，要做到这样一个规模和数量级，至少要花数十年时间。所以，企业增长的逻辑变了，新型的互联网技术与强大的资本结合起来，对我们过去所秉持的理念和方法产生了巨大冲击。

这种思想代际差异所产生的能量很像我国清末与英帝国的代际差异。在鸦片战争之前，我国的国民生产总值居全球第一，但是我们的发展逻辑却还停留在封建社会的小农经济阶段，没有工业化的大规模生产，也没有西方资本主义国家剩余资本的再投资。对比当时的大英帝国，人口只有 1000 万，面积还不到我们一个省。按我们古老的竞争优势分析，大英帝国无论在物质还是人力方面，都不可能与我们匹敌。但结果是，第二次鸦片战争期间，英法联军仅仅动用了几千人的部队就攻到了大清帝国的首都，并抢劫、焚毁了我们的圆明园。这就是竞争的逻辑不一样，导致一场不同时代的力量发生在同一时间的不对称战争。

在新形势下，攻守之势不取决于现有我们能看到的传统实力，而取决于对新思想、新技术和新资源的理解和应用。

有趣的是，今天很多传统企业总盯着自己的产品对手是谁，市场对手是谁，却没看到，在新型的产业互联网面前，传统的企业竞争格局早已变得面目全非。记得在京东、天猫刚起步的时候，当时中关村几个数码大楼，包括鼎好、E 世界、海龙大厦，只要有商铺空缺，很快就会找到接盘人。但现在回过头再看，这些生意基本上都倒闭了，为什么？不是因为商城与商城、商家与商家的竞争导致它们倒闭，而是因为互联网时代的来临，以京东、天猫为主的电商将它们打败。

所以，要想在未来立足和胜出，我们亟须跳出传统竞争思维的局限，站在更高的层面来思考、理解产业新的竞争模式。

第一节　战国七雄与秦皇一统

| 回看春秋战国，淡看产业竞争

今天的企业正处于竞争残酷的时代，但同时这也是一个不断创新、百花齐放的时代，春秋战国时代也是如此。那么春秋战国时代的竞争与今天的企业竞争有什么相似的地方呢？我们都知道，只要是人类社会，就存在竞争关系，不论是国家竞争，还是企业竞争。竞争是人类与生俱来的天性，优胜劣汰是竞争的结果。从 2014 年开始，国内几家互联网巨头动辄几亿、几十亿元的并购投资，上亿元的大战补贴，合纵连横进军这个领域、那个领域，此时与彼时，这种态势俨然和战国时期一样，达到了白热化的状态。

熟悉历史的人都知道，春秋战国时代所谓的春秋五霸和战国七雄是在周王朝后期土地兼并的过程中陆陆续续形成的。春秋五霸中的晋，又被三家瓜分为韩、赵、魏，历史进入战国时代，实力最强大的是齐、楚、燕、韩、赵、魏、秦七国。在这七国当中，秦国最弱小，只是关外的一个小国、穷国、弱国。为什么这样一个小国、穷国、弱国，反而脱颖而出，最后成为诸侯国里面最强大的国家，直至统一全国呢？如果对比当下的企业竞争，是非常值得玩味的。

作为当时的诸侯国来讲，是以土地的扩张作为成功的标志。对于今天的企业而言，是以企业的扩张或成长作为成功的标准。当时的秦国，能在诸侯国中脱颖而出，横扫六合实为不易，对今天的很多企业来说，能够在竞争主体众多，又非常残酷的竞争环境下活下来也不简单。无论是战国时代的各诸侯国，还是今天的众多企业主体，同样都是组织的竞争，两者之间到底有什么相同的地方呢？战国时代的竞争对我们今天的企业竞争又有什么启示呢？

丨大秦一统的制度基础

不妨回溯下秦国是如何从弱小变强大的。秦国的国力在起初非常弱小，据历史记载，秦先祖秦非子因养马有功被周王封为附庸，此后世代为周王室养马，并在西北边境对抗西戎，在周王朝逐渐衰落的过程中成为稳定西部疆域的重要力量。这其实无意中给秦国注入了一种狼性精神，因为游牧民族的战斗力非常强悍，与其作战是一件很费力的事情，所以秦国在不断的战斗中也壮大了自己的力量。到秦穆公时，西戎基本上平定，这个时候的秦国将目光放到中原。但中原有诸多强大的诸侯国，秦国并不能轻而易举地东出中原。那么秦国该怎么办呢？只有通过内部变革，壮大自己，才能独树一帜，对中原诸侯形成竞争优势。

这个内部变革就是在历史上赫赫有名的商鞅变法。商鞅能够变法，首先是商鞅这个人才能够获得秦国的赏识。秦国对人才的吸引并不是从商鞅变法开始，而是从秦孝公开始就制定了很多吸引人才的措施。我们可以看到从商鞅起，秦国很多的人才并非秦国本土出身，而是来源于中原地区，比如商鞅、张仪、李斯，皆非秦国人。他们为什么抛弃故国为秦国出生入死，很大程度上是因为秦国能够为他们提供施展才华的平台。要知道，真正有经天纬地才能的人才并非想着荣华富贵，而是想着施展抱负。

虽然商鞅的结局很悲惨，由于得罪秦国的大贵族而被秦孝公的继位者秦惠文王判处车裂，但商鞅所立的法令却在秦国执行了下去。我们来看看商鞅变法到底从哪几方面提升了秦国的总体实力。

第一，奖励军功。在战斗中，士兵只要斩获敌人一个首级就可以获得爵位一级，赏赐田宅一处，以及数个仆人，斩获的首级越多获得的爵位就越高。所以即使一个最普通的士兵，也有机会通过荣立军功从而彻底改变自己的命运，甚至出将入相，这就大大地提升了军队的战斗力。

第二，奖励耕种。《魏书》中有言，“金汤之固，非粟不守；韩白之勇，非粮不战”。意思是说，就是再坚固的城堡，没有粮草也守不住，就是韩信、白起一样的勇将，没有粮草也无法打胜仗。可见，粮草在战争中的重要性。由于秦国地处西部，土地贫瘠，为了提高秦国的粮食产量，商鞅制定了废井田、重农桑的政策，极大地提升了农民的生产积极性。另外，又限制商人囤积居奇，保证了粮食的价格，提高了农民的生产积极性。这项政策让秦国经济得到了飞速发展，一跃成为七国中最富有的国家。

第三，武器的革新。虽然商鞅变法里面没有具体到这一条，但从今天的史料来看，当初秦国的武器相对而言是比较先进的，在西安兵马俑坑内出土的弩弓非常强大，虽然大家都处于冷兵器时代，但秦国的兵器经过改良，属于当时的先进武器。

第四，郡县制的建立。当时在各个诸侯国中，都是各国的大贵族管理各自的地盘，分期对君主朝贡，也就是说各地的豪绅管理各自的地方，只要定期朝贡即可，这就是所谓的分封制。而商鞅变法推行郡县制，从中央委派官员到县一级，全国上下实行统一管理，这就极大地强化了中央集权，保证了全国所有资源能够集中使用，已经是制度领先。

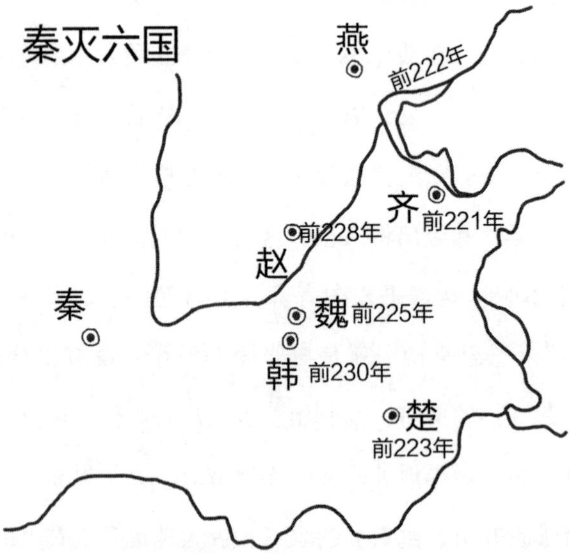

图 5-1　大秦帝国统一六国示意图，结束了战国时代，进入了大一统时期，从此大一统的观点也融进中华民族的骨髓

商鞅变法为后来的秦王朝扫清六合、统一天下奠定了坚实的基础，虽然后来者张仪合纵连横功不可没，李斯辅助嬴政更大程度上实现了中央集权，但若没有商鞅变法就是无源之水、无本之木。所以，商鞅变法是一种质的改变。打铁还需自身强，没有自身的改变，再多的合纵连横，再多的集权都形不成明显的竞争优势。这可以从大清帝国末期看出来，虽然慈禧善于集权式统治，下面的股肱之臣奕劻、李鸿章等也在列强之间合纵连横，但整个国家却死气沉沉，没有焕然一新的改变，最终崩塌。

| 产业竞争必须内外兼修

战国时期是国家之间的竞争，主要以战争为手段，它的进度受制于地理边界，如果能够在地理上予以突破，就是胜利，这必须通过战争完成。在过去，传统企业能够在各个目标市场上击败对手也是胜利，这受制于资源和能力，更受制于公共资源和设施，比如信息流转效率、交通效率、物流效率、决策效率等。但今天不同了，对于今天的互联网企业和互联网化的传统企业而言，竞争的边界已经开始模糊不清，有些产业中的竞争边界已经完全消失。所以，未来企业竞争的胜负将会以加速度的方式进行。

虽然时代在变化，导致竞争的主体发生变化，竞争的要素也在发生变化，但竞争的根本逻辑却没有改变。首先，战国时期和今天一样，都处于剧烈变化的局势当中。在战国时期，整个诸侯国家之间的竞争也处在剧烈变化当中，势力此消彼长，在某个关键点如果应对不当，就会面临迅速衰退甚至完全被击败的可能。其次，由于竞争的主体众多，形势复杂异常，除了对外能够展示实力外，内功的修炼也很重要，也就是说要内外兼修。对于企业来讲，就是要不断变革、创新，让自己本身更适应这个时代的竞争要求。比如，秦国在组织上打造了新型的郡县制，让整个国家都上下一致，权力集中在国君手里，而其他诸侯国却仍固守分封制，导致国家权力分散，容易导致内讧甚至被敌方离间。同样，今天的产业互联网化对企业的组织架构也有很多新的要求，比如海尔就率先打破科层制，建立了阿米巴式的小组作战体系，更好地适应了互联网时代的竞争要求。第三，除了自身改变外，还要在战术上有所创新。因为一个组织要脱颖而出不仅取决于自身的变化，还要考虑外部势力的此消彼长。在战国时代，就是各个国家不断运用合纵连横这套战术。对秦国来讲，就是运用这些策略不断分化、瓦解其他六国的势力，实现各个击破。这与今天的企业竞争相仿，企业的并购或联合，都是为了减少彼此间竞争或者增强对外部的竞争力，比如我们在互联网视频中看到土豆和优酷的联合，以及 58 同城和赶集网的联合，本来过去是你死我活的对手，但现在却由于竞争形势的改变而选择联合在一起。因为对于一个明智的企业而言，要在剧烈变革的时代中快速成长的话，就必须迅速调整自己的策略，以期适应新形势下新的竞争形势。

关于未来

战国时代的终极是以秦国统一全国为标志，产业互联网时代发展的终极会是什么样子？由于时代已然跨越千年，人类文明也在不断进化，企业竞争的终极将会与商业文明的进化有关。今天我们看到国内以 BAT 为主的互联网平台型巨头不断兼并、厮杀；也看到许多传统超级企业摇身一变，将互联网大旗高高举起，准备在新时代继续领跑；大量中小型企业在无数巨头形成的竞争格局中游弋，形成自己的生存空间。这些现象就如同战国时代一样，从混战到兼并，从集中到分散，更高效率和效益成为牵动两级的魔法绳子，直到形成新的统一。

历史是残酷的，企业的竞争也是。也许我们只有始终具备超强的创新能力，始终能够对战略做出明断，始终发挥超强的执行力，才能在今天胜出，也在未来有一席之地，但总之始终是历史的过客，关于未来，只有时间才是时间的主人。

第二节　传统企业的品牌互联网化

丨品牌势能

在本篇第二章里，曾对传统企业互联网化提出了八大关键要素，本节所讲的品牌，是包含于企业的，因此，品牌互联网化，需要基于企业的互联网化才有更多实质性意义，核心要点是要跟随企业的互联网化整体完成。

品牌作为公司的资产，有有形的部分，也有无形的部分，但一般更多指在消费者心中的认知，包括功能和所谓的附加值。具体包括企业业务领域、企业形象、企业文化、产品定位、产品风格、品牌概念等。

品牌的互联网化，就是看谁先完成品牌在互联网用户群体的认知，由于互联网宽阔的边界，好时既能迅速扩大互联网用户群体，坏时又能最快摧毁品牌，也即摧毁消费者的认知。

所以互联网时代产业竞争的结果是，谁先完成品牌进化，获得品牌势能，谁就能获得代际优势，在互联网变革时代脱颖而出，谁没有完成，或者变革速度过慢，企业衰落也是极快的。

品牌再定位

对品牌的价值，一直以来存在两种截然相反的看法，在有些人看来，品牌增强了产品的知名度和消费者对企业的信任度，在产品过剩又同质化严重的市场环境中，可以增强消费者的辨别能力，降低交易成本；而在另一些人看来，品牌从头到脚都是邪恶的，因为品牌宣传需要花很多广告费，而这些费用到头来还是消费者埋单。消费者为了信任你而花费了更多的成本，花了冤枉钱。

对于前一种看法，更多存在于电商热之前，因为品牌厂家和消费者之间的信息不对称，消费者可选择的产品多但选择起来成本高，所以很大程度上提高了交易成本。现在后一种说法越来越流行，因为互联网消灭信息不对称之后，消费者的选择权就大了起来，而选择成本也降到零（因为不受空间和时间限制，什么时候都可以选择，也突破了区域性限制），这就导致品牌的意义发生了深刻的变化。我们发现在电商火热的时候，很多网销占比大的行业都诞生了淘品牌，如服装行业有韩都衣舍，家电行业有小熊等。以小米手机为代表的这类新兴品牌企业，更是给品牌带来了新的含义。在未来，品牌存在的意义不是帮助企业与消费者建立信息不对称下的信任感，而是企业和用户之间的互动、情感或参与感之类的其他含义。这也可以从另一个角度去理解，未来品牌不是企业单方面可以决定的，过去很多企业只要找一家营销策划机构就可以塑造一个品牌的时代一去不复返了，而更多是从消费者与企业的互动过程中去衡量品牌的价值。

| 品牌互联网化是表象，核心是背后的运营系统变革

传统企业如何完成品牌的互联网化？这是今天许多传统企业关注的焦点，因为对大多数传统企业来说，品牌仍是其核心资产。在我看来，品牌互联网化是表象，核心是背后的运营系统变革。

在互联网时代之前，对这一核心资产的操作和维护路径一般是这样的，先砸知名度，再做美誉度，最后是维护忠诚度。为什么要这样做？因为在信息不透明的时代，让消费者记住产品的捷径就是让消费者记住你的品牌，让消费者记住你的品牌还不能忘记，就要维护好忠诚度。所以，过去在营销领域关于“定位”的话题层出不穷，只要产品定位准确，外加品牌策划、宣传得当，一般来说都会取得好的效果。比如消费者谈起凉茶想起王老吉，谈起核桃露想起六个核桃，谈到空调想起格力。最生动简单的案例要数脑白金，在《史玉柱自述》中，针对脑白金，史玉柱坦诚地讲了他的营销经验和心得，他说：“在这个广告打到大概第五年的时候，在消费者脑海里面，一提到送礼，他就和脑白金不自觉地开始画等号了。”史玉柱的话可以说是浅显直白、一语中的。在互联网时代之前的传统营销中，定位的一个核心就是强化消费者记忆，

而强化消费者记忆的最好方式就是花钱砸广告。

互联网时代，一切变得太快了，过去我们强调的、屡试不爽的理论似乎正在失效。因为在互联网时代，产品与口碑的关系度增加，好的产品只要获得消费者好的体验，就形成了好的品牌效应。今天，我们不仅面临产品过剩的危机，而且还面临品牌过剩的危机，因为消费者通过互联网购物，只要在搜索引擎上一搜就面对上百个品牌，在这个时候，消费者要选择的不是线下传统思维中的品牌知名度，而是产品是否能够真正服务好消费者，有没有同类型的人群使用后的评价，都成为了新时期消费者选择的依据，这在以前是不可想象的。

我们可以想一想近几年诞生的互联网品牌，比如家电行业的小熊电器，手机行业中的魅族、小米，消费者是如何记住这些品牌的？前面我们说过，在互联网时代之前，传统品牌的塑造一般是先砸知名度，再做美誉度，最后是维护忠诚度。这里面维护忠诚度是最难做到的，因为厂家和消费者之间信息的不对称，导致品牌厂家即使想明确知道消费者的想法也难以实现。但在互联网时代，这一顺序完全颠倒了，因为在互联网上产品即品牌，所以我们首先应当考虑的是如何去做产品的忠诚度，让产品走进用户的内心，到一定程度的时候我们再去做知名度、做品牌，这样才能在用户心中形成很强的品牌印象。例如，最近几年我们也看到京东、一号店之类的电商品牌开始借助电视广告，甚者直接像当年传统品牌一样，到乡镇去刷墙体广告。这都是因为消费者对其有了一定的忠诚度，再塑造自身的知名度。

这说明什么？不是说明品牌塑造在互联网时代变得不重要了，而是说明互联网时代的品牌塑造方法发生了变化。对于传统品牌企业，在产业互联网化如火如荼的今天，谁能率先完成品牌的互联网化，谁就会获得新生。就像笔者谈到的战国时代，在开始的时候秦国和其他六国并无不同之处，甚至在很多关键方面都落后于中原国家，但秦国通过商鞅变法变革自身，从而形成了极强的竞争力。对处于互联网时代的很多传统品牌来讲，面临类似的选择，要么改变，要么在剧烈的竞争中被淘汰。

在传统的生产方式上，过去传统企业是先研发、设计，后进行批量化的生产，再进入各地的库房，再到各地零售商的库房，最后到消费者手里，这是典型的 B2B2C 方式，但是借助互联网思维，我们的生产方式逐渐由 B2C 单向模式转变为 C2B 互动模式，因为今天用户对产品的影响力越来越大。

乔布斯曾经说过，“消费者并不知道自己需要什么，直到我们拿出自己的产品，他们才发现，这是我要的东西”。乔布斯说的并没有错，在未来这种天才式的创新还会出现，但随着互联网越来越发达，消费者的潜意识消费行为将会成为企业开发者的大数据研究对象，个体无意识行为成为群体性的特征，进而影响产品研发与销售，并逐渐上升到不可替代的位置，最后成为一种自然的企业流程。消费者虽然不会设计、制造产品，但有他们自己的偏爱和意见，企业只有抓住消费者的潜在需求，并经过创造后，才能为用户提供真正喜欢的产品。

另外，C2B 模式还会大幅减少企业过去批量化生产所造成的高库存问题，因为以 C2B 的方式来组织生产，企业基本上可以根据用户需求量来决定自己的生产量，这就提高了库存的周转率、资金的使用率，而且可以为消费者提供越来越称心的产品，总体上将企业效率提升到一个新台阶。我在本篇第二章中提到的家居行业中的索菲亚和尚品宅配，都是这方面的杰出代表。

| 品牌经营预测与决策

从企业的角度而言，没有什么是比知道消费者在哪里更有价值的事情了，如果还能知道他们的兴趣爱好、何时购物就更好了。如果知道这些，企业就知道应该生产什么样的产品会畅销，应该请什么样的代言人会增加企业的品牌价值而不是损害企业的形象，应该生产多少产品作为库存而不是大量生产导致产品积压，应该采购多少原料而不用占压采购资金，如果做到这样，真是太美好了。在今天，有这样的机会吗？不能说百分之百做到，起码是可以有机会做到。

尚品宅配作为著名的订制家具企业，基本都是消费者预订产品后才开始生产。对尚品宅配的生产工厂而言，这种预订制的方式，完全就做到了数据化，生产工厂根据订单数据，改进生产效率，实现了个性化的批量订制这一矛盾的生产方式。当然，对于尚品宅配的前端，就是要直接面对用户的前端，那就需要对消费者进行数据化定量分析。

今天，大部分的消费者都在线上，不管是 PC 端，还是移动端，我们都能追踪到消费者的无意识行为，通过解读消费者的无意识行为和实际消费行为，我们就能预见消费者的未来消费潜力和倾向，从而做出未来的企业经营预测。

我们以预订制为例，消费者在某家具购物网站购买家具的时候，不论是去线下体验店还是去线上平台，会看到很多产品处于预订状态。预订状态下会产生两种可能：第一种，当网站某一款产品获得很多消费者关注的时候，就会产生订购的行为。假设超过100件，代工厂就可以开工生产，因为在这个量之上，其订购规模才可以有效降低生产成本，根据生产边际效应，订单量越大，生产成本越低，价格也越便宜。第二种可能是，预订制偶尔也会碰到这样一种情况，消费者可能对某款产品很感兴趣，但这款产品对大多数消费者而言是没有吸引力的，这时候网站有可能会告诉消费者，“对不起，这款产品的预订量没有达到起做量，暂时还不能生产，很抱歉”。对个体消费者来讲，遭遇这种购物体验可能是不爽的，因为看中了某一款产品，企业却无法生产，无形中会降低企业对消费者的吸引力。但对电商网站而言，它可以采取一些其他补救措施来化解消费者的怨气，或者在预订前就加以说明，消费者有了这种心理准备，企业也因此大大降低了风险。

再比如，企业在请明星代言的时候也可以运用数据。很多企业在发展到一定阶段、一定规模的时候，总希望能够请明星代言人来提高影响力和制造新闻，增加企业的知名度，提升企业的美誉度。大多数企业在选择明星代言人的时候，是通过小范围的调研和咨询的，甚至是老板和高管小范围商议决定，由于喜欢某个明星，认为这个明星可能跟企业的产品很吻合，就选择了。但事实上未必如此，也许企业在“撞大运”的时候，所选的明星正好符合其产品属性，这个时候企业可能选对了。但很多时候企业所聘请的明星代言人和产品属性并不匹配，因为企业通过小范围的样本或者老板拍脑袋做出的决策，通常是不一定符合客观事实的。但数据却摆在那儿，是客观的，所以，今天的企业完全可以用数据化方式来对选聘代言明星做比较精准的预测。

在互联网上，有很多免费的工具可以利用。比如说某个明星，他（她）在百度贴吧、新浪微博的粉丝群体中，到底哪些群体在关注、了解，哪些群体在与这个明星进行互动。这个群体的购买属性、年龄、收入等如何，这种大致范围的分析是可以做到的。还有就是分析这些粉丝到底喜欢这个明星的什么，是喜欢他的气质，还是喜欢他的慷慨，是喜欢他的样貌，还是喜欢他的风度。对于这个明星价值的评估，就必须要有更准确的数据、更科学的依据。

很遗憾的是，很多企业并没有通过数据分析去寻找合适的代言人，大部分是拍脑袋完成，所以很多企业所聘请的代言人并未给企业或产品加分。

预测本身也是决策的一部分，当然做决策是更深入的思考和分析之后，对一些重大事件所做出的决定。在过去，除了我们的理性思维和我们的经验之外，大部分是靠感性思维拍板决定。而今天我们不仅要用自己的理性思维，更要用数据思维。也就是说，通过数据把事实摆在面前，让数据来说话，让数据本身来做出决策。其实，当大数据运用范围越来越广的时候，所谓直觉也好，感觉也罢，其作用是越来越小的。

品牌低成本精准营销

现阶段，大数据运用非常重要的价值是帮助企业提高营销的效率。未来营销方式是基于通过数据对消费者进行分析和理解后的营销行为。

当企业对消费者的需求分析得更准确的时候，就能够对消费者进行更有针对性的价值分享，当广告变成信息时，广告就不再是令人讨厌的家伙，而是消费者苛求的信息了。此时的传播——品牌传播就是销售行为。

第三节 品牌对手从哪里来

我国著名军事著作《孙子兵法》中，有一句大家耳熟能详的话也许可以点破竞争的法则，就是“知己知彼，百战不殆”。在任何时代的任何竞争中，参与竞争的主体，一方面需要了解自己，做好自己的事；另一方面也需要了解外部，随外部环境的变迁调整自己的竞争方略。那么今天品牌企业的竞争对手是哪些，谁是我们的敌人，谁是我们的朋友？这是首先要搞清楚的问题。

丨跨界打劫者

我们可以回顾那些处于变革的大时代中，如蒸汽机淘汰手工业的情景，电气淘汰蒸汽的情景，在这种大变革面前，企业不了解自己或不了解外部，都可能招致致命的失败。产业互联网时代也是如此，过去，很多企业只要把眼光聚焦在自己的行业内，或者上下游产业链，就可以比较安全地应对竞争，但今天我们发现很多竞争是跨界的竞争，只盯住自己的“一亩三分地”不好使了。有很多生动的案例可以说明这一点，比如三大基础电信运营商，过去都以为彼此才是主要竞争对手，但是搞了这么多年才猛然发现，原来腾讯才是他们集体的竞争对手；再比如杀毒软件领域，过去瑞星、金山、卡巴斯基等杀毒软件打得不可开交，突然发现360进来全部免费，瞬间将他们全部击垮。这样的竞争案例在互联网时代不胜枚举，要追根溯源，恐怕还是因为没有领会“知己知彼、百战不殆”这句话的深刻之处。很多企业根本就没有搞明白竞争对手是谁，待隐藏在背后的对手突然出现，却发现一切都变了。再通俗点讲，过去我们好好做自己的生意，顶多是同行业内部竞争，但突然之间，其他领域的公司用一种意想不到的方式，摧毁了我们赖以生存的主营业务。

这就是现在大家经常说的，“羊毛出在猪身上，狗来埋单”。这种思维对传统企业有何启发呢？在笔者看来，这种思维作为一种竞争的方式、方法，值得传统企业去借鉴。但这种跨界对手有时会随着时间的演变而重新变为朋友。电信运营商因为微信的冲击，传统短信业务很少了，但作为管道，人们使用网络的时间多了，流量的收入变得大于短信收入，原来误以为的对手成了新的意义上的伙伴。

对于打劫者而言，之所以能跨界竞争，是这些跨界者的商业模式发生了变革，表面的商业模式是其价值的基础，但利润是依托于这样的商业模式背后的逻辑。跨界竞争是否可能发生，要根据跨界者自身所处的行业来考量，并非对所有行业都适用，有的行业竞争要缓和一些，有的行业竞争会激烈一些。比如360推出免费杀毒3个月之后，就迅速掀翻瑞星的市场份额，成为第一。乐视电视虽然也推出了很长时间，但传统电视厂家的市场份额却并未被快速撼动。

率先变革者

每一次危机或者产业变革，对很多企业来[illegible]对部分传统品牌制造型企业来说，却是在萧条[illegible]这些企业善于利用自己的优势，并在互联网[illegible]势，只要善于将互联网和传统优势融合在[illegible]自己的新优势，而且未来这种优势会越来越[illegible]么说？因为对多数传统品牌制造企业来讲，消费者[illegible]的认知，互联网可以在一定程度上颠覆其商业环节，但[illegible]专业的产品和服务本身却难以被颠覆。对那些“门外汉”来讲，[illegible]了在轻资产模式运营的互联网企业，很难下定决心去介入传统制造环节这样一种庞大的生产体系。所以，当互联网对传统企业进行改造的时候，更多的是改造和融合，而非替代。

这些先行者，就成为那些未变革者最强大的对手。

在产业互联网化过程中，传统品牌制造企业主要受两方面影响。其一，主力消费者的消费习惯和品位均发生了改变，要求传统品牌制造企业迅速适应这种变化；其二，互联网化对整个产业效率大幅提升之际，如何与互联网融合而提升自身的效率。对于那些率先突破和变革的企业来说，它们会获得效率的大幅提升，产品调性和品牌价值也越来越适应互联网用户人群。变革后的传统企业，其经营效率得以提高，经营边界得以扩大，从而获得更多的资源和用户，实力也将会越来越强大。这也会导致未来很多传统行业的品牌会越来越集中，比如在品牌高度分散的家居建材行业，虽然家居建材连家装加在一起接近 4 万亿元的市场规模，但家居建材行业鲜有规模上 50 亿元的品牌企业。未来，随着互联网对该行业的影响越来越深，那些率先适应互联网形态的企业将会获得快速发展，而那些未能适应新形势的企业发展将会越来越慢，在产能过剩和需求变化的情况下，同时自身资源不足以支撑变革，将会逐渐被边缘化，直至消失。

丨 产业链延伸者

目前很多竞争对手并非来自于互联网企业，而是行业内很多上游企业的自然延伸。因为对于企业规模的扩大，除了本身主体市场的扩大，还可以进行上下游的纵向延伸，而这些大企业的延伸就成了很多下游企业的噩梦。

家居建材行业的上游是房地产行业，那么我们看现在房地产行业在做什么？受制于经济危机和国家对房地产的调控，房地产行业近几年的发展并不乐观，这就使得有些房地产企业将目光放到了下游。因为对房地产行业而言，给客户交房之后，就涉及装修的问题，进入下游似乎是非常自然的逻辑，在过去房地产业本身很热的时候，房地产企业不屑于去做这个行业，也由于行业壁垒，很难在短时间内实现规模化、专业化。但最近这几年随着房地产市场的萎缩，部分房地产企业遇到了市场天花板，开始进入到家装行业。目前房地产巨头万科就宣布将在内部组建专门的家装公司，而恒大地产也宣布与海尔集团在家装、家电领域展开合作。动作最快的应该是绿城地产，早在 2012 年，绿城地产就专门做了一个绿城电商，绿城电商的核心就是通过自己的大量房源而对整个建材供应商进行整合，希望从中赚取利润。

家居家装产业竞争参与者	
企业类型	案例
互联网企业	京东联合紫薯、小米投资爱空间
房地产企业	恒大与海尔合作、绿城上线装修平台
公装企业	以金螳螂为代表
二手房中介	链家与万科合作成立家装公司

图 5-2　家居家装产业竞争参与企业概括

除了房地产行业延伸产业进入家装领域外，很多工装企业也进入家装行业，这与房地产企业跨界进入的理由如出一辙，都是因为近几年房地产行业的萎缩，导致整个工装行业遇到了发展的天花板。对于工装企业而言，它们很顺利地就延伸到了家装行业。从 2014 年开始，我们看到著名的工装上市企业金螳螂，收购了家装 E 站，很顺利地进入家装行业（分手是后话）。当时收购后，金螳螂的股票价格大幅上扬，资本市场的表现说明，金螳螂的收购是非常划算的。还有亚夏投资蘑菇+，广田投资过家家，宝鹰投资鸿洋电商，洪涛装饰投资优装美家。

丨 分清敌友，洞悉竞争

毛泽东在他那篇著名的《中国社会各阶级分析》中开篇就说，谁是我们的敌人，谁是我们的朋友？只有认清这个基本问题，才能领导革命。今天我们的企业竞争同样面临这样的问题，在纷繁复杂的竞争环境中，传统品牌企业只有看到真正的对手，才能从容应对。

第四节 重塑供应链

十年前，我在广东管理着一家中等规模、有着十年历史的制造型企业，除了国内市场零售外，我们还为迪士尼、沃尔玛、露华浓、舒适等跨国公司提供五金产品，从中我深深感受到一个好的供应链管理对一个制造型企业的价值。我不是供应链管理专家，但我深知供应链管理对企业整体管理的价值。因为在我加盟这个公司之前，囿于当时的供应链管理水平，公司形成了大量零配件和成品的库存积压，活钱变死钱，极大占压流动资金。我进公司的第一件事，就是招聘人才，幸运的是，我找到了一个有多年生产和供应链管理经验的人才，并且执行能力很强，这极大地补足了公司供应链和生产管理的短板。经过半年的努力，我们的供应链和生产水平得到了大幅提升，极大提高了资金周转效率和生产效率。

但很显然，今天的供应链管理随着 B2C 向 C2B 的方向发展，其管理模式已经发生了很多变化。

| 提高供应链管理水平也是提高生产力

自从人类社会诞生以来，生产就成为人类生存、发展下去的基本活动。在我们从事生产、创造财富的过程中，都离不开对生产中每道程序的管理，即便是在农耕时代，我们的祖先也得管理好从播种到收割的每一道工序，其实这就是最原始的供应链管理。随着生产力的发展，尤其是大规模的工业制造诞生以来，供应链管理就逐渐成为了一门专门的学问。政治经济学中有一条基本原理，即生产力决定生产关系，生产关系反过来影响生产力。其实这个原理也适合供应链管理这门学问，生产力的发展要求新式的供应链管理。反过来，新式的供应链管理又会促进生产力的发展。

所以，供应链管理对企业而言是一个大考验，是企业适应新时代生产力发展的基础。生产力的提升在历史上一般表现为科学技术和能源领域的突破，每当处于这种大变革的关键时期，企业能否有效提升其供应链管理水平，让其符合未来产业发展的形势，关系到企业的生死存亡。与第一次工业革命类似，蒸汽机和煤炭能源的出现，让大部分传统的手工业灰飞烟灭，除了极少数奢侈品还是纯手工打造外，很多手工业制造都让位于大规模的工业制造。今天，随着互联网技术越来越普及、越来越成熟，不仅深刻地改变了消费习惯，对产品和服务日益挑剔的消费者还催生了商业模式的变革。这导致很多行业陷入混乱的竞争格局，很多传统企业在价格、毛利和未来发展空间上面临的压力增大，对供应链变革的要求也越来越复杂，这一复杂性不仅体现在目前的供应链无法满足消费趋势，还体现在目前的供应链管理跟不上生产效率提高的要求。

关于供应链变革的话题，我在《决胜 O2O 的七大支柱》中已有阐述，但大部分观点都集中在商业环节，也即渠道和零售。在过去十年中，互联网主要以电商的形势撼动传统企业，而这些企业主要集中在零售上，所以我们看到了传统渠道商和传统零售的没落。但未来几年中，互联网将会以新的姿态对传统企业产生撼动，我们目前更多的是看到服务业如餐饮、出租车等行业受到这样的冲击，真正处于制造环节的企业还没有发生质的变化，即使是3C数码和电视，也是互联网的跨界竞争居多，是用一种商业模式覆盖传统商业模式，而非本质上对生产成本的降低和供应链效率的提高。

为什么这么说？这就需要先来设想下“未来工厂”的流程。在未来，比如消费者需要一辆汽车时，可能只需要打开APP，输入自己的订制化要求，信息就会发送给工厂，工厂将消费者所要表达的产品的种种特性转化成数据，然后通过计算来安排物料的配送、零件的打磨，以及机器的组装。最重要的是，这条流水线上每个元件都是按照消费者的真实想法生产的，它有自己的身份信息，机器也会解读这些信息，如果不符合就马上调整，然后自动装配。当然，这一过程中“人”是不参与其中的。

我们可以这样概括：工业1.0实现了“大规模生产”（以蒸汽机、矿产资源为代表），工业2.0实现了“电气化生产”（以电力、石油天然气为代表），工业3.0实现了“自动化生产”（信息技术催生的产品标准化），而工业4.0（大数据、云计算、智能化、新能源）则实现了“订制化生产”，并将订制周期缩短，使生产方便快捷。

| 从单向到闭环

以上是基于一种对历史的总结，和对未来可能性的推演和设想，但这种可能性目前已在现实中崭露头角，由于生产的订制化和多元化，“工业 4.0”将产生海量数据，以德国安贝格工厂为例，其生产线上的在线监测节点超过 1000 个，每天采集数据逾 5000 万个。

这与过去有什么本质上的不同呢？过去我们传统的品牌制造型企业，供应链主要是从生产商到消费者这样一种单向的流动，从供应链管理的角度来看，传统的工业化思维主要是批量生产，追求低成本运作，再从不同的渠道影响终端消费者。我们过去也经常提到互联网会倒逼企业从 B2C 模式向 C2B 的个性化模式转变，这种转变虽然在过去也有所变现，比如产品出现在线订制，如何与客户互动，深入理解并服务客户，但这种订制和互动的概念都是浅层次的，并没有完全从生产端完成变革。

我们设想，未来产业互联网对供应链的改变，将实现把消费者的需求传导到生产企业这里，然后通过智能工业手段，不仅能够让每一个环节大幅提高生产效率，而且生产出来的产品更符合消费者真实的意见和要求。

对传统品牌制造企业而言，提升供应链的好处显而易见。产品是消费者预订好的，所谓的零售更多的是起到一个展示的作用。对很多不得不线下体验的传统品牌企业而言，O2O 已经成为大家的共识，特别是移动端的井喷，让线上、线下完全打通，形成一体化。所以对于未来的零售商来讲，只要将消费者需求把握到位，甚至可以直接让品牌厂家将产品发到消费者的手中，这样就会大幅减少以往零售终端的库存量，甚至完全没有库存，即便有，也是一些需要线下售后服务的常备的零配件而已。未来，F2C 可能也会成为一种新型的商业模式大规模出现，但目前看来，那些需要线下服务的企业还很难完全做到这点。

对处于传统产业中的传统品牌制造商而言，如果能够在供应链管理上下功夫，能够及时而精确地为消费者提供更便宜的产品和更满意的服务，那么在未来的竞争中就会处于优势地位。

第五节　中国制造 2025

I 中国制造 2025

自从 18 世纪以英国为代表的西方国家开启第一次工业革命以来，工业制造就成为一个国家的立国之本和强国之基。近代以来，由于我国没有强大的工业制造体系，屡屡处于国际竞争的下风，也因此饱受外辱。新中国成立后，我国的工业体系逐渐健全，与世界工业体系逐步接轨。据美国《纽约时报》调查，目前世界上，我国拥有联合国产业分类中全部工业门类，39 个工业大类，191 个中类，525 个小类，是全世界唯一拥有全部工业门类的国家。

虽然我国工业体系健全庞大，但与世界先进水平相比，仍然是大而不强，需要加快转型升级。2015 年上半年，热议已久的《中国制造 2025》由国务院正式发布，这是我国实施制造强国战略第一个十年的行动纲领。当前，新一轮科技革命和产业变革与我国加快转变经济发展方式形成历史性交汇，国际产业分工格局正在重塑，所以这一行动纲领的出台适逢其时。在《中国制造 2025》中，我们可以看到，互联网信息化与智能化制造是未来 10 年我国制造业升级的主要方向。

为什么国家如此强调信息化和智能化？这与我们所处的时代有关。我们处于一个什么时代呢？德国称之为“工业 4.0”，我国称之为“中国制造 2025”，而美国称之为“工业互联网革命”。最近发现，很多人把德国提出的“工业 4.0”等同于第四次工业革命，但我觉得更可能的是第三次工业革命的延伸，因为这次技术突破还没有脱离第三次工业革命也即信息化的大方向，只是今天我们在深度上达到了一个更高的发展水平。我们可以这样去理解，过去是信息化 1.0 版，而现在是信息化 2.0 版，过去所没有的大数据、云计算、移动互联，加之今天物联网处于加速度、井喷式的发展，都为未来制造进行转型升级提供了基础条件。所以，笔者认为这次互联网技术变革仍没有脱离第三次工业革命的范畴，只是一次更大级别的提升。

我们都知道，我国的改革开放总体上是依托比较优势这一理论，简单来说就是依托我们廉价的土地、人力和广阔的市场，换取国际上先进的技术和强大的资本。经过 30 多年的发展，这些优势已经变得不明显了，特别是人工成本和环境压力，要求我们更快地进行产业升级。

丨人工成本与效率

以家居产业为例，家居产业相对其他产业而言是粗活、累活，从 20 世纪 90 年代大量家居企业兴起后，多数工人都十八九、20 岁出头，现在粗算一下他们已经步入 40 岁，甚至 50 多岁。由于行业属性，现在大部分企业的工人主力还是他们，而同期的年轻人并不愿意在这样一个高污染、高噪声环境里面工作，所以就出现了工人的断层。虽然现在工厂给出的薪资不低（从过去的几百元上升到现在的五六千元），但还是出现招工难、用工荒的情形。而对比工人工资在成本结构中的占比，却从过去大概 10%上升到现在的 20%。假如说，企业可以招到工人，在工人工资提升的同时，工厂的效率也能够提升，那么企业还能够生存下去。但是在企业效率无法提高的情况下，再加上外部竞争的惨烈，那么工厂的竞争力就会大幅下降。这也是近几年来，我们总是听到珠三角一带大量家居工厂倒闭的重要原因之一。因为对家居制造型企业来讲，能够达到 10%的毛利已经不错了，当工人工资占比逐渐上升，挤压掉毛利空间的时候，就意味着这些工厂彻底失去了竞争力。

所以，对制造企业而言，要想生存下去，只有两种选择：一种是提高生产效率，另一种是降低成本。在成本构成中，材料成本是工厂无法绝对控制的，工人工资也随大势，不用说降工资，现在即便提高工资都招工难。那么只有提高生产效率这一途径，比如说用先进的智能化机器替代人工，这样一来，借助先进的机器提高生产率，可以将工资占比压缩到过去的 10%左右。还有一种办法，将生产基地迁移到人工成本、租金成本更低的地方。我们可以看到很多处于珠三角的家居企业都将生产基地迁到了内地或越南，因为这些地方的工资、地租相对而言要低很多，可以将人工成本控制在整个成本的 10%以内，甚至更低。

然而，对大部分家居企业而言，这两点都难以做到。因为无论是购买先进的机械设备，还是到别国投资建厂，都需要庞大的再投资。所以很多企业由于人工成本的逐渐上升，工厂效率还停留在过去 20 年的水平，导致成本优势丧失，在产品过剩的年代失去竞争力而倒闭。

| 德国工业4.0

那么，未来该怎么办呢？我们可以从德国企业身上借鉴另一种办法。

我们知道，德国最早提出了工业4.0的概念，目前已成为德国的国家战略。其实多年以来，德国及欧洲其他国家在信息产业上是远远落后于美国的，甚至在某些领域还落后于我国这样的后起之秀。德国明白，如果不能抓住本轮互联网技术大跃进带来的技术红利，未来有可能被其他国家利用信息技术优势颠覆掉工业“一哥”的地位。虽然目前德国仍旧保持着非常强的制造优势，尤其是在高端的机械设备上，仍引领全球，但德国的工业制造已不具备成本优势了，这种优势更多地让位给日本这样的制造大国和我国这样的新兴经济体。所以德国提出工业4.0的战略，意图在人力成本依旧高企的情况下，通过新的技术水平打造新的工业体系，来提升德国制造的整体竞争力。工业4.0具体如何操作呢？目前并没有确切的答案，我分析总结工业4.0主要包含以下两方面。

一是借助信息化、智能化提高生产效率，并降低损耗。举一个德国工厂的例子来说明这个问题。作为全球第一大汽车技术供应商，德国博世汽车刹车系统（ABS&ESP）在国际市场上有相当的实力。博世洪堡工厂，作为博世公司旗下智能工厂的代表，其生产线的特殊之处在于，所有零件都有一个独特的射频识别码，能同沿途关卡自动“对话”。每经过一个生产环节，读卡器会自动读出相关信息，反馈到控制中心进行相应处理，从而提高整个生产效率。在洪堡工厂引入的射频识别码系统需几十万欧元，但由于库存减少 30%，生产效率提高 10%，由此可节省上千万欧元的成本。独立的射频识别码给博世公司旗下工厂的 20 多条生产线带来了低成本高效率的回报。而这种让每个零件都能说话的技术，是智能工厂的重要体现形式。

二是通过信息化实现消费端对制造端的干预，为消费者提供更好的产品。举一个国内著名家居企业的例子来说明，这个企业是互联网家居第一品牌——尚品宅配，这个企业在本书中也反复出现。我们都知道，虽然全国各地的住宅性房地产不计其数，户型和面积也有很大不同，但具体到每个房子里面的居室厨卫，其布置类型并不多，比如卧室，也就 100 多种可能性。尚品宅配发现了这个规律，就采集了全国主要城市的户型，上传到自己云库。如果客户想要买卧室的家具，可登录云设计中心，提供收入、入住者、职业、预算、风格等信息，后台根据这些数据把用户所在城市过去三个月最好卖的、和这个顾客最接近的风格方案统计出来，做成效果图，传到设计师处，并提供相关的优惠信息。如果顾客满意，就可以一起做调整。客户下单后，尚品宅配就会依据这一信息将整件家具的生产转换成零部件的生产。尚品宅配会将全国各地的订单统一打入总部系统进行调配，将订单分拆为各种规格零部件的子订单，系统会按照效率最大化原则为每个部件安排生产计划，且每个板上都生成一个二维码，在进入生产线的时候，可以自动把加工板调出来进行加工，生产完毕后也会根据这些二维码打包同一个订单的产品。在这个过程中是机器指挥工人干活。比如加一个零件，拿两块板出来，告诉工人是横着还是竖着放进去，进入后自动切割。从订单处理供应链流出来后传到机器，效率是一般企业的 6~8 倍。正因如此，尚品宅配不仅实现了全屋家具的大规模个性化订制，将生产过程控制在半个月以内，实现零库存，而且在行业多年零增长、负增长的情况下，每年都保持了 60% 以上的增长。

根据上面两个应用工业信息化和自动控制提升工厂效率的案例来看，未来的工业生产一定是这样的，既要在效率上极大提升，也要为消费者生产出更具个性化的产品。

在 2015 年 9 月 13 日央视播出的《对话》栏目里，董明珠说，再过一两年，格力就能实现全部无人化工厂生产。也证实为了提升效率，减少对人工的依赖，很多大型企业都开始了信息化、自动化的探索和实践之路。

丨 制造业综合性价比

另外，企业有了更高效的智能化设备，是不是人就不重要了呢？众所周知，在传统的制造业中，有五个影响产品质量的主要因素，就是人、机、料、法、环。人，指制造产品的人员；机，指制造产品所用的设备；料，指制造产品所使用的原材料；法，指制造产品所使用的方法；环，指产品制造过程中所处的环境。对这五个因素，笔者认为最关键的还是人，如果人不去主动学习、主动转型，那么人的效率就无法提高，人的思维也无法与互联网时代接轨，再多再好的设备也无法提高企业的运转效率。

对于设备的使用，具体到每个企业要考虑其所处行业和自身情况。再者，生产效率的提升与生产成本的降低，并非完全的正比关系，还需要企业认真、仔细核算成本与效率之间如何达成平衡。比如我们生产企业的机械设备非常先进，基本上可以实现自动化生产，但这种设备的价格非常高，而工厂由于市场需求量还没有完全打开，又没有实现满负荷的生产，所以对生产效率很高的设备来看，这是不划算的。这样的企业应该经常对整个生产流程进行重新评估，尤其是处于产业转型时期，哪些环节用更高效的设备替代效率会更高，而哪些环节需要保持现状或者进行优化就会提高效率，或者人与设备进行适当配合综合性价比会更高。

［案例］　海尔的工业 4.0 战略：互联工厂+开放平台

政府报告中首次提出的“中国制造 2025”、“互联网+”两大热点在家电行业获得有力回应。3 月 12 日，海尔集团对外发布了工业 4.0 战略，并上线了用户交互订制平台、模块商资源平台两大平台。海尔互联工厂的构建逻辑是全流程可视化的用户订制模式，用户在参与产品设计的同时，还可以随时查看产品制造、订单配送等所有环节信息。业内专家表示，互联工厂的核心价值是信息的全流程共享，这种“透明”工厂互联出最佳用户体验。

据了解，目前海尔已建成沈阳冰箱、郑州空调和佛山洗衣机、青岛热水器四大互联工厂，全球首台订制空调已在郑州互联工厂下线。海尔互联工厂的前端就是名为“众创汇”的用户交互订制平台，在这个平台上，海尔与用户能够零距离对话，用户可通过多种终端查看产品“诞生”的整个过程，如订制内容、订制下单、订单下线等10个关节性节点，产品生产过程都在用户“掌握”中。用户交互订制平台的上线意味着用户不再是产品的旁观者，而是可以全流程参与其中的制造者，开启了“人人自造”时代。

“海达源”模块商资源平台是全球家电业第一家为供应商提供在线注册、直接对接用户需求的零距离平台。该平台具备开放、零距离、用户评价、公开透明四个特征，可以推动全球一流模块商资源自注册、自抢单、自交互、自交易、自交付、自优化。与传统“零组件采购—订单销售”模式相比，模块商的注册、响应需求、方案选择结果、评价结果等全过程都将在平台上公开公示，考核模块商的主体不再是企业，而是用户。

最新统计数据显示，目前该平台已经完成自注册模块商3700多家，平台上交互的2000多个方案，为用户提供了最佳体验。模块商资源平台将企业与模块商传统的价格博弈关系转变为共创共赢关系，双方共同致力于提供满足用户需求的产品解决方案。这一平台的上线给现场近千名模块商带来了强烈冲击，他们纷纷表示，必须快速转变经营模式，从零部件商升级为模块商，只有与用户共同设计创造产品，才能获得更大的增值空间。

海尔家电产业集团副总裁陈录城表示，海尔早在2012年就开始了互联工厂的实践，致力于打造按需设计、按需制造、按需配送的体系。为实现从大规模制造向个性化订制的转型，企业必须转型为开放的平台，以模块化为基础的互联工厂是为用户提供个性化订制体验的“主体”，而用户交互订制平台和模块商资源平台是为用户提供个性化订制体验的“两翼”。

从制造逻辑来看，海尔实践互联工厂战略的必要条件是工厂的模块化、自动化、智能化，有效提升效率；充分条件是用户能够无障碍参与到产品设计、供应链管理、营销等流程中。互联工厂的最终指向是构建大规模个性化订制模式，创造最佳用户体验。海尔互联工厂构建了一张动态抓取用户需求、快速整合全球最优资源的强大网络，将碎片化、个性化的用户需求与智能化、透明化的制造体系高效对接起来，是对“中国制造2025”战略的率先实践。

（来源于新华网）

第六节　竞争的三大思路

丨非合作博弈的均衡

对多数研究竞争的学者来说，都逃避不开一个人，这个人就是“非合作博弈的均衡”即博弈论的发现者、天才数学家约翰·纳什。看过《美丽心灵》这部电影的人也许对约翰·纳什的人生境遇和学术成就有所了解。英俊而又十分古怪的数学家小约翰·纳什念研究生时便发现了著名的博弈理论，短短26页的论文在经济、军事等领域产生深远的影响，他开始享有国际声誉。但纳什出众的直觉受到了精神分裂症的困扰，使他向学术上最高层次进军的辉煌历程发生了巨大改变。

面对这个曾经击毁了许多人的挑战，纳什在深爱着他的妻子艾丽西亚的相助下，与被认为是只能好转、无法治愈的疾病作斗争。经过十几年的不懈努力，完全通过意志的力量，他一如既往地坚持工作，并于1994年获得诺贝尔奖，他在博弈论方面颇具前瞻性的工作也成为20世纪最具影响力的理论之一。而纳什也成了一个不仅拥有美好情感，并具有美丽心灵的人。很不幸的是，纳什夫妇在2015年5月份因车祸去世了，在此向这一伟大天才表示深切哀悼，也许纪念这位大师的最好方式就是去了解博弈论，通过对这一理论的应用和反思让这个世界变得更好更美丽。

如今，纳什的博弈论被广泛运用在政治学、国际关系学、经济学、社会学等各个领域。对数学功底浅或对竞争没有进行深入研究的人来说，纳什的博弈论理解起来是艰深晦涩的，因为需要大量复杂的数学公式去推演和论证。但对那些习惯了在竞争中生存发展的人来说，博弈论在我们现实世界中并不难理解，其中最著名的就是一个“囚徒困境”的故事，主要意思是说，在竞争格局中，某一方从利己目的单方面行动，结果是损人不利己，既不利己也不利他。人从本能上讲，多会做出利己的行动，企业也是如此，但基于环境，特别在信息越来越透明的情况下，当博弈不断重复进行时，人的竞争选择会发生变化。

今天任何一个企业都处在竞争关系中，但任何一个企业都无法离开这个充满竞争的生态环境而生存。不管是对手还是朋友，都会彼此相互影响。

在我看来，企业存在的形态可以大致区隔为第三方平台型、生态型与品牌型，而传统意义上的品牌企业，在这样一种竞争生态中到底应该采取什么样的竞争策略才会获得更多竞争成果呢？

考虑清楚这个问题，不仅决定了当下的生存问题，还决定了我们未来的发展方向。对我们传统的品牌企业，在当下的企业竞争生态中，主要生存法则基本决定于与超级平台的关系，这种关系的远近状态决定品牌企业的竞争状态的竞争法则，我基本归结为三种：第一种是共生发展；第二种是联盟发展；第三种是独立发展。这三种状态到底各有什么优劣，企业应该采取哪种方式更有利于企业自身的发展呢？

丨共生化生存

“共生”本是一个生物学概念，作为语言学的来源则是希腊语，但作为一个概念，特别是生物学意义的，则首先由德国真菌学家德贝里在1879年提出。德贝里将共生定义为不同的物种或者不同的属类，因为相互的物质、安全或者不为我们所熟知的某种“精神”需求而生活在一起，相互之间完全形成了一种永久性的伴侣关系，不管这种关系是有利、无利无害或者是有害的关系。

共生是一种自然现象，甚至我认为也是一种宇宙现象，在地球，则存在于生物界的方方面面：人与动物，动物与动物，人与微生物，微生物与微生物，人与自然界，生物与自然界；而在宇宙层面，月亮与地球，地球与太阳，八大行星与太阳，太阳与太阳系，等等，谁能说它不是一种共生关系呢?

说到宇宙之共生，与本书所要论述的话题当然远了，但共生作为一种自然规律和自然现象，则在我所论述的互联网时代的平台企业和品牌企业之间广泛存在。共生现象在经营主体诞生的那一天开始就存在，跟酿酒的作坊配套的有原料提供商、销售商；中国著名的丝绸生产，则有养蚕的农户，加工户，运输、销售、镖局等。这是为我们所熟知的产业链，虽然由于古代的经营主体规模都很小，产业链也很短，但事实上这些相互依存的产业链上的经营主体就是一种共生关系。古代经营主体的共生与现代经营主体的共生在性质上并无区别，但现在全球性巨型平台企业和品牌企业之间的共生的广度和深度，特别是在效率上，已远非古代的经营主体能比。

作为生物界的共生，共生有很多种类型，这种共生是生物界自然进化的结果。在动物世界，小丑鱼与海葵的共生，虾虎鱼与枪虾的共生，小鸟与鳄鱼的共生，都是大家所熟知的共生案例。海葵触手有大量带刺的细胞，是海葵防身的武器，但小丑鱼却能在海葵的触手间自由地游弋，却不会被海葵的触手伤害。它们相互之间形成了一种什么关系使它们处于和谐生存的状态？生物学家观察到，小丑鱼生活在海葵的触手间，使海葵免于被其他物种伤害，而小丑鱼本身进化出护身的本事，可以分泌一种黏液，附在身体表面，这种黏液保护小丑鱼不被海葵带刺的触手伤害。小丑鱼生活在海葵中间，借用了海葵的触手武器，保护了自身的安全。小丑鱼和海葵之间借用了对方的长处，完全互惠，并没有给对方带来一丝损害。

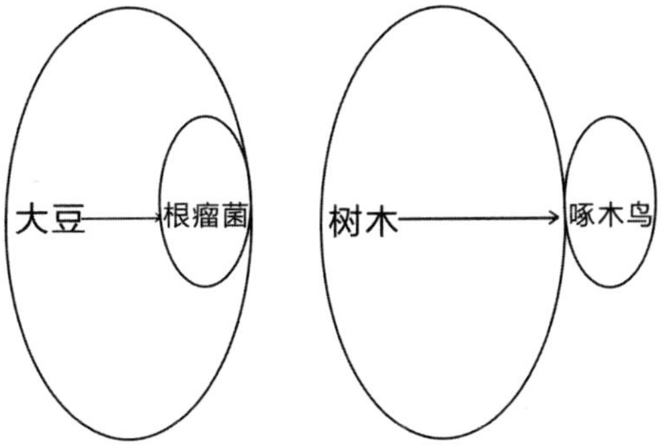

图 5-3 生物界的两种共存模式，一种是外共生，
另一种是内共生，两种生物若互相分离，两者都不能生存

虾虎鱼与枪虾的共生就更有趣了，就像我们常说的瞎子帮瘸子，完全形成了一种互惠互利的生态局面。枪虾扮演了一种苦力的角色，在沙中挖掘、清理洞穴，这是它的藏身之地。虾虎鱼跟枪虾一起居住在枪虾挖掘的洞穴里面。枪虾几乎是完全看不见的瞎子，一旦离开洞穴就有危险，如果天敌出现，枪虾基本上毫无保护自己的能力。但有趣的是，这种生物跟虾虎鱼进化出了奇妙的共生关系，虾虎鱼的视力弥补了枪虾的弱点，一旦遇到危险，虾虎鱼就向枪虾发出信号，一旦枪虾感受到虾虎鱼用尾巴触碰的警示，就知道自己身处危险之中，随后，枪虾和虾虎鱼都会退回枪虾挖掘的洞穴，躲避天敌的攻击。

有一种小鸟与鳄鱼的共生现象就更令人叫绝。鳄鱼给人的印象都是丑陋凶残，送到口中的肉没有不吃的道理，但就有这样一种鸟，鳄鱼不但不吃，送到嘴里都不吃，还张大嘴巴配合这种小鸟，以便这种小鸟安全地在鳄鱼口中觅食。这种小鸟，擅长捕食鳄鱼身上的寄生虫，擅长在鳄鱼的嘴里替鳄鱼剔牙缝，鳄鱼求之不得。凶残的鳄鱼面对这样一个有利的清洁工，十分满意，怎忍吃之；小鸟在鳄鱼的嘴巴里，看似危险，实则安全，鳄鱼看似凶残，但鳄鱼不吃它，所以就不危险，而小鸟真正的危险，则在鳄鱼嘴之外，但小鸟藏身鳄鱼嘴，其他掠食者也就不敢在鳄鱼嘴巴里讨生活，小鸟自然相对安全。

自然界的共生有很多种，未见得每一种都是其乐融融的小丑鱼与海葵、枪虾与虾虎鱼、小鸟与鳄鱼这种共生关系，这种结果未见得对共生主体都是有利的。

比如有的共生，则对双方个体都有害，但对整个物种而言，都是有利的，这种共生保证了物种在一定数量下发展，保证了物种的正常发展，这是生物界的竞争共生现象；有的共生则属生物界的偏利共生，对一方有利而对另一方没有什么影响；偏害共生则是对其中一方有害，对其他共生线的成员则没有影响；还有对共生双方都没有损益的无关共生现象。

上面所描述的只是生物界数不清的共生现象中的几例，共生不仅是生物界的共同现象，这个生物界也包括人作为生物体在自然界与其他物种的共生，同时共生也是一种社会现象，存在于各类不同的组织之间，作为现代人类最重要的组织形式之一，共生也是企业组织中的普遍现象，这种共生的目的是为了资源的有效配置，而最后约束的规律指向的是效率和效益最大化，共生的最终目的就是效率和效益最大化，这是企业间共生现象的唯一理由。这就像虾虎鱼与枪虾之间的关系，离开了谁，双方都无法生存，共生是它们生存的唯一出路。企业的共生，相关企业间的共生，受效率最大化和效益最大化的约束，共生的紧密程度视企业的集中度或者分散度而定。

| 企业共生是如何体现效率和效益的

企业的共生，当然无法完全用生物体共生予以类比。生物体的共生，往往是一种个体之间的关系，上升到物种层面后，我们才能得出物种之间共生的一个大范畴概念。作为传统企业组织的共生，往往是有一个核心企业，这个核心企业在行业内占据了一个制高点，或者在行业内具有相当的地位，许多对核心企业具有功能性补充，规模不等的企业与这个核心企业形成了共生关系。这是产业链时代的共生。这种共生大到像中石油、中移动这样垄断型、资源巨型企业与产业链的上下游规模不等的企业的共生，小到温州一家做签字笔的企业与各家零配件企业和下游的流通销售企业的共生。共生的企业群落，像中石油、中移动这样的企业，往往是几百家、几千家以上，温州做签字笔的企业，也有几十家左右。很显然，这种大企业与相关中小企业形成的共生，无疑大大提高了产业效率，作为共生主体的巨型企业，往往具有足够的企业资源，要么是垄断的，要么具有多年的积累具备了作为共生企业群的龙头的资历。它们通常也是专业化的，作为配套的中小企业，常常处于附属的地位，往往比核心企业专业化程度更高，本质上都是传统产业链的共生。以互联网为核心的信息技术时代企业的共生，其广度和深度都有大大的加强，其效率也非传统产业链似的共生所能比。

比较典型的企业现象是淘宝和淘品牌的共生，数百万的卖家与淘宝平台形成了商业生态的共生。这就是典型的与平台共生。对那些不可能单独建立平台的企业与个体而言，充分利用好平台效应也会取得非常好的效果，就看你如何去利用这些平台。因为与平台共生的企业多了，竞争也自然会逐渐多起来，导致品牌相互之间的竞争也愈演愈烈，尤其是在今天，随着流量费用的递增，很多中小型品牌企业在平台上很难生存下去也是事实。

丨竞争联盟

也就是所谓的抱团取暖。当单个企业面临的竞争压力增大时，可以与那些同行却又不是直接竞争关系的企业捆绑在一起，一起出手去争夺市场。在家居建材行业，冠军联盟曾经是比较成功的联盟体。当初冠军联盟的定位是一个促销组织，本质上就是将那些对不同产品不同品牌有共同需求的用户聚集在一起，最大化地满足每个用户的需求。以前每一家要获取一定数量的用户都要花巨额的营销成本，采取联盟策略之后，花一样的钱，将会获得 N 倍的意向用户，从而大幅降低营销成本。当然对每一个企业而言，用户到现场后，每一家的转化能力是不一样的，导致成本效率有差异，但相比原来单打独斗而言，每一家企业的成本效率都获得了大幅提升。对于用户来说，大量用户的集中获得了议价能力，与原来单独采购产品相比，花更少的钱，却可获得更多价值的产品。

联盟策略现在是无处不在的，不仅是厂家，很多区域的代理商也在开展类似的活动。各个区域的代理商，基本上都与本地区行业内的部分商家相熟，在彼此无直接竞争的情况下，都愿意联盟抱团取暖。所以每到促销季，很多区域就会出现联合搞促销活动的联盟商家。

但今天，传统模式的冠军联盟基本上走到了尽头。为什么一个不错的联盟机构会走向衰落，基于两个原因：

首先是顶层结构问题。因为冠军联盟是松散型的营销组织，基于共同促销的需求走到一起，而核心人员是变动的，导致联盟极易因为人员变化而走向解体。在初期，联盟成员为了寻求体量、地位的一致性，导致联盟成员无法形成核心，更多基于相互间的朋友关系和义气，再加上初期产品互补，从而形成一段时间的合作。但因为顶层没有法律意义和财务意义上的治理关系，导致治理关系很容易解体。作为一个松散型营销组织，冠军联盟能够良好运营数年时间，已属不易。

第二个是联盟个体的单独发展与联盟其他企业发展冲突。随着联盟企业体量不断增长，或者不断有增长需求，导致联盟企业不断扩充品类，打破了原来联盟初期的品类界限，从而在某些品类形成了竞争关系。比如索菲亚做了橱柜，而橱柜是欧派的核心产品线。大自然做了衣柜，而衣柜是索菲亚的核心产品线，这导致了原来的联盟企业要再走到一起是困难的。

即便如此，联盟方式仍旧是抱团竞争的重要方式之一，比如国际上存在各种组织、各种集团，都是成员之间为了应对不同局势和对手而产生的，当然也有很多组织因为环境和局势的变化被分化或解散。所以，对联盟来讲，随着时空的变迁，联盟内部的个体力量会发生变化，外部竞争对手也会发生变化，这些变化都有可能导致联盟的分崩离析，这是所有联盟成员在发展过程中需要注意的问题。

联盟是一种竞争策略，但联盟下的每一个企业仍然是独立发展的，也正因为独立发展，才会在联盟发展的过程中因为成员企业发展不均衡和打破品类边界时，导致联盟走向崩溃。

| 独立发展

完全独立发展的企业是不存在的，企业的发展总是处于这样那样的关系之中。对那些品类丰富，品牌又领先同行的企业，因为其体量和市场规模已经足够强大，就有能力去独立应对竞争，不太依赖于与超级平台形成共生的生存法则，也不用形成联盟以应对更强大的竞争。比如家电行业竞争非常充分，品牌已经非常集中，形成了格力、美的和海尔这类的大型品牌企业。比如美的，就是通过不断延伸逐渐成为了今天整个家电产业链最齐全最完整的企业之一。这些独立公司不是第三方平台，但也围绕自身需求吸引了很多围绕自身服务的众多中小型公司，同时因为品牌影响力也足够强大，具备品牌单独号召用户的能力。

所以，今天我们每一个品牌企业都需要认真考虑我们的企业究竟处于什么位置，是平台型企业，是生态型企业，还是独立品牌企业，考虑清楚后就明白自己当下是要选择共生发展，还是谋求联盟发展，还是独立发展。最后我要强调两点，第一点是，在约翰·纳什的博弈论中，零和博弈是最可怕的，在信息越来越透明的今天，合作带来的好处远远胜于竞争带来的好处，我们也可以看到大部分企业都是“你中有我，我中有你”的关系，并非靠自身单打独斗就能胜出；第二点是，无论哪种发展路径，都要根据自身情况和外部环境做出明确研判，因为这是我们立足现实、把握未来的基础和依据。

后记　彻底分享

在本书初稿完成之际，我回过头来重新梳理，发现书中的很多想法在今天已经被一些企业所佐证所超越，于是又进行删减和修改，这样的过程重复几遍，发现如此下去便会没完没了，所以还是决心尽快将该书付梓出版，抛块砖头，以便能引起大家对未来商业模式的思考。

能不能换一种思维、换一种超前的模式避免这种缺憾呢？我想既然本书是谈未来的，那么首先就用新的方式完成关于未来的这本书。这本书可以是“活的”，起到砖头的作用，后面通过集众智，不断迭代，让本书不断鲜活起来。

怎么一个活法儿呢？

就是大家要一起来写，只要有对本书内容感兴趣的读者，都可以与作者进行探讨，如果内容优秀，对《未来商业模式》一书有贡献，本书都会采纳，并将在书正文前页为思想贡献者做集体署名。除此之外，我们也将在全国各地举办“未来商业模式”的研讨会，有精彩的观点和思想，如果能够成文，我们也将放入本书当中。

具体规划如下：

1.《未来商业模式》打算每年更新再版一次，每次更新50%的内容，这些内容来源，可以是围绕本书的采访，或者围绕线下活动的精彩观点和发言。当然，您也可以以文章的形式投递您关于未来商业模式的想法。投递邮箱：1468639680@ qq. com。

2. 每次内容更新，我们都会拿出50%的版税回馈所有参与者（这里的参与者是指直接参与写作的，而非采访和分享整理），每名参与者只享受一年的版税收入。

3. 由于您所贡献的思想是无价的，所以我们只能按字数占比去回馈参与者。

4. 我们会定期公布出版社的版税结账清单，根据每次结账回馈参与者版税收入。图书写作参与者加作者微信（微信号：li13811001583）。

5. 围绕本书，还将在全国各地举办线下活动，举行“未来商业模式”的探讨，我们将涵盖各行业，既可以是纯学术的讨论，也可以是偏实践的分享。只要与未来商业模式有关，皆可参与。想参与者可以将你的要求及个人联系信息发到邮箱：148639680@ qq. com

李骞

2015年11月6日北京

参考文献

1. http://news.xinhuanet.com/politics/2014-05/12/c_ 126487255.htm 新华网:《张瑞敏：互联网思维，颠覆了什么》

2. http://www.ccstock.cn/gscy/gongsi/2015-04-17/A1429211181309.html 证券日报网：中石化牵手阿里巴巴拥抱互联网+升级传统石油化工业务

3. http://www.yihuatimber.com/yjia.asp#p1宜华木业官网：宜华木业Y+生态系统

4. http://theory.people.com.cn/n/2015/0828/c40531-27526550.html 人民网：中国经济具备中高速增长的潜力动力

5. http://www.robot-china.com/news/201506/03/20950.html 中国机器人网：新工业革命来袭中国制造将发生巨变

6. http://news.xinhuanet.com/tech/2015-03/12/c_ 127575194.htm 新华网：海尔全球首发工业4.0战略样本：互联工厂

7.《毛泽东选集》第一卷，人民出版社

8.《失控——全人类的最终命运和结局》，凯文·凯利著，新星出版社

9.《平台战略——正在席卷全球的商业模式革命》，陈威如、余卓轩著，中信出版社

10.《工业 4.0——即将来袭的第四次工业革命》，乌尔里希·森德勒著，机械工业出版社

11.《跨界——开启互联网与传统行业融合新趋势》，腾讯科技频道著，机械工业出版社

12.《周鸿祎自述——我的互联网方法论》，周鸿祎著，中信出版社

13.《史玉柱自述——我的营销心得》，优米网著，同心出版社

14.《活法》，稻盛和夫著，东方出版社